そんな格好のええもんと違います

生涯女優 河東けい

井上由紀子 著

『生涯女優 河東けい』を出版する会 編

クリエイツかもがわ
CREATES KAMOGAWA

はじめに

姫路市のＪＲ網干《あぼし》駅から車で15分の静かな町に臨済宗の古刹「龍門寺《りょうもんじ》」があります。

ここに5月中旬の雨上がりの午後、近隣の人々、遠く東大阪、高槻などからも90名近い人が集まりました。禅寺の庭の緑は午前の雨に濡れ、一層鮮やかさを増しています。

たくさんの龍の襖絵に囲まれた大方丈に、黒いドレス姿の91歳の現役女優・河東けいが登場。原作が三浦綾子、ふじたあさやの脚本・演出、神戸芝居カーニバル実行委員会主催、河東けいひとり語り『母〜多喜二の母〜』上演会です。

語りはプロレタリア作家・小林多喜二の母セキの独白で始まります。河東けいが台本を片手に静かに語り始めると、観客は次第に物語の世界へ引き込まれていきます。治安維持法によって、自由にものが言えなかったあの暗い時代へです。救いは、貧しいが愛とやさしさに満ちた多喜二の家族の姿です。貧しさゆえにお金で売られた不幸な娘「タミちゃん」を想う家族のやさしさに胸が熱くなります。

やがてクライマックス——特高の拷問によって殺され築地署から戻ってきた多喜二の遺体に向かって、セキは

「ほれっ！　多喜二！　もう一度立って見せねかっ！　みんなのために」

大方丈いっぱいに響く痛切な叫び、まるでセキの魂が乗り移ったかのような渾身の演技、いや、演技というよりセキそのものです。客席のあちこちからすすり泣く声がします。語り終わった彼女に観客から惜しみない拍手が送られてひとり語りは幕を閉じました。

この後、河野太通住職が「河東さんの語りに感動し、涙が出ました。私は河東さんより少し年下だけど、まさに戦争の時代に育ったのです。今また同じような気配があるが、戦争を始めるのはすぐだけど、平和を持続させるのは大変。セキさんのような母を作らないため、子ども達を不幸な目に合わせないよう、小さなことからでもできることをやっていきたい」と宗教人としての感想を話されました。

河東さんはこの網干に続いて一週間後には奈良市でも公演しました。

いったいこの老女優のどこにこのようなパワーが？　90歳を超えてなお、観客を魅了する彼女の語りの技術、継続の力、魂の演技を支えているものは？「生涯女優・河東けい」の実像を探りたいと、「河東けいの本を出版する会」ができました。彼女に密着しての聞き取り取材が始まりました。

幸い、神戸文化支援基金の助成を受けることが決まりました。（後略）

この文章は2017年6月11日の毎日新聞兵庫版のコラム「Fメール」に掲載されたものです。毎週日曜日が掲載日で、県内の女性10名ほどが交代で執筆を担当しているコラムです。

驚異的なバイタリティーの92歳の現役女優の過去と現在を探る旅に出かけたいと思います。

井上由紀子

讃

このひと以外に語り手を持たない『母』

木津川　計
（「木津川計の一人語り劇場」主宰）

名立たる女優を女優たらしめた名作がある。山本安英の『夕鶴』、杉村春子の『女の一生』、森光子の『放浪記』などだ。

すぐれた作品に出会えた役者の幸せである。宇野重吉が『ゴドーを待ちながら』、滝沢修が『セールスマンの死』を演じていなかったら二人の評価は割り引かれていたかもしれない。それほど作品が役者を輝かせ、役者が作品評価をさらに高めるのである。

役者と作品の相互関係ではあるが、関西で活躍を続ける河東けいが、三浦綾子の『母』に出会ったのがまたよかった。河東けいは、ふじたあさやの脚色台本で1時間40分のひとり芝居として舞台で演じ、その後「ひとり語り」として口演、1時間30分を引きつけ、聴かせる。

天下の悪法・治安維持法下の戦前、特高警察の拷問で虐殺されたプロレタリア作家・小林多喜二を母のセキが語る。

その語りに河東けいの役者人生がすべて込められている。秋田生まれのセキの東北訛りをものにしたのもベテラン女優なればこそである。

「みんなが公平に仲良く暮らせる世の中を……」と願ったこころ優しい多喜二をいつくしむセキ、拷問全身傷だらけで腫れ上がった遺体を前にセキは叫ぶ。「ほれっ！　多喜二！　もう一度立ってみせねか！　みんなのためにもう一度立ってみせねか……」感動の幕切れである。

朗読が盛んになってきた。すると何を読むかが問われる。山本周五郎や藤沢周平の温かい作品がよく選ばれる。それもいい。が、現代に切り込むアクチュアルな作品を避けたら朗読や語りは今日性を失う。

その意味で、吉永小百合が原爆を読み続ける姿勢を私は称える。いま中村敦夫が一人芝居の朗読劇で『線量計が鳴る』を公演し始めたと報道で知った。原発への反対と怒りを語るのだ。あの「木枯らし紋次郎」も77歳、「やりながら死んでもかまわない。結果的にライフワークになると思う」と。

河東けいの『母』もライフワークになった。すでに92歳の高齢、たぶんこのひとも「やりながら死んでもかまわない」覚悟であろう。

神戸芝居カーニバルを主宰するプロデューサー・中島淳の力も大きかった。この有能な制作者の手引きでひとり芝居『母』が初演されたのは1993年であった。年期の入った作品である。が、〝芝居〟となると装置がいる。スタッフも必要だ。そのうえ小回りがきかない。だからひとり語りに切り替えて正解だった。

正解だった訳は政治情勢の方向が安倍内閣以降、明確に戦前回帰へ舵切りされたからだ。ある歌人が詠んでいる「野坂言う気づいたときはもうすでに始まっているんだ戦争は」。〝焼跡闇市派〟だった野坂昭如のことばである。

すでに秘密保護法が通り、現代の治安維持法とも言うべき共謀罪が制定されたのである。戦争は「もうすでに始まっている」のである。またある歌人も詠んだ。「『ちょっと来い』呼ばれて始めてわかるだろう『共謀罪』の空恐ろしさ」。だから小林多喜二を語ることは今日を語ることでもあるのだ。

河東けいは、その語り手としてもっともふさわしい女優である。なにしろ青春時代が戦中だった。戦争が何をもたらせたかを語りうる生き証人なればこそ『母』は、このひと以外に語り手を持たないのである。

河東けいは関西芸術座（関芸）の創立座員（1957年）である。以来60年。関芸以前に所属した民衆劇場から数えると65年の長い演劇人生である。わけても後年「大阪女優の会」を設立、戦争政策に反対し、平和を願う演劇人の最年長として後進に大きな影響を与えてきた役割も大きい。

河東けいを古い演劇人は「おけいさん」と親しみをこめて呼ぶが、僕には10歳も年長ゆえに口にできない。『上方芸能』を発行し続けた僕の48年ではあるが、あえて呼ぶおけいさんの演劇人生65年を前には頭が上がらない。

そのおけいさんが僕の「一人語り劇場」をよく聴きに来てくださる。大ベテランに聴かれては恐れ入るし、緊張もする。それに僕らが主催する「関西朗読コンテスト」の審査員の一人としてもお力をいただいている。あらゆるコンテストは、審査員の顔ぶれでグレードが上がりもすれば下がりもする。その審査員に河東けいを迎えたことで、このコンテストは関西でもっとも権威の高いものになった。

いま大阪は大企業が東京へ本社を移すだけではない。人材も東京へ流出し、今日ほど人材払底都市になった時代はない。若い芸術家、文化人が育たないのに加え、年配の有名人も寥々《りょうりょう》なのである。そんな寂しい非文化都市大阪を主舞台とした河東けいの活躍は大変に貴重と言える。

どうぞいつまでもお元気で、僕は無論、後進を導いてほしい。ご壮健を祈るとともにライフワークの『母』を語り続けてほしいと心から願うのである。

木津川計プロフィール

1935年生まれ。大阪市立大学文学部卒業。68年に自ら創刊した『上方芸能』編集・発行人。京阪神のすぐれた芸能や大阪文化を守り応援し、幅広く紹介、論評する専門誌として48年の歴史を紡いだ。2016年6月200号で終刊。

86年、立命館大学教授、現在名誉教授。和歌山大学客員教授、民放連盟賞中央審査委員長、文化庁芸術祭賞選考委員などを歴任。京都市芸術功労賞、京都新聞文化賞、第四六回菊池寛賞、全国日本学士会アカデミア賞などを受賞。

現在、NHKラジオ（関西）「ラジオエッセイ」に毎週1回レギュラー出演して37年目、〝木津川節〟といわれる大阪弁のやわらかい語りにファンも多い。

2006年から「木津川計の一人語り劇場」を旗揚げ、新国劇や新派、大衆演劇、映画、落語、歌舞伎の名作を各地で口演して好評。

著書に『人間と文化』（岩波書店）、『〈趣味〉の社会学』（日本経済新聞社）、『上方の笑い』（講談社現代新書）、『上方芸能と文化』（NHKライブラリー）、『人生としての川柳』（角川学芸ブックス）ほか多数。

讃

おけいさんは63年来の仲間

ふじた　あさや（劇作家）

初めておけいさんに出会ったのは、大学3年の時だった。前年に福田善之と合作した『富士山麓』が、関西新劇合同で上演されることになり、岩田直二・道井直次共同演出の、彼女は演出助手だった。1954年の夏だった。

以来、ぼくの『臨界幻想』を関芸で演出してくれたり、ぼくがデフ・パペット・シアターで創った『曽根崎心中』に出演してくれたり、ぼくの芝居で関西弁を指導してくれたり、いろいろとおつきあいがあって、一九九三年には、ひとり芝居『母』を作ることになる。

三浦綾子さんの『母』を、ひとり芝居にならないだろうか、と言い出したのはおけいさんである。

小林多喜二を愛し、信頼し続けた母は、多喜二が特高警察に殺されたのち、戦後になって、共産党に入党した。そして同時にキリスト教に入信した。一見矛盾したこの二つの行動が、矛盾なく同居していることに、この母の見事さがある。そこに三浦綾子さんは感動し、おけいさんも感動した。その感動が、24年間もこの作品を演じ続けてきた根っこにある。

多難な24年だった。おけいさんは、役者生命を絶たれるかもしれぬ足の疾患を、二度にわたって体験している。にもかかわらず、彼女はそれを乗り越えて、さまざまな舞台に出演し、合間をみてはこの作品を演じ続けてきた。国際情勢も多難だった。多喜二が夢見た社会主義国家は、あるいは崩壊し、あるいは変質して、今や、社会主義の実現を理想とする人は少数となった。だからといって、貧苦からの解放を願う多喜二の志は、色あせることはないし、それに寄せる母の思いも、三浦さんの思いも、おけいさんの思いも、輝きを失うことはない。

最近になって、おけいさんは、『母』を、ひとり芝居ではなく、ひとり語りにならないだろうか、と言い出した。「体の自由が利かなくなっても『母』を演じ続けたいから」というのである。一も二もなく賛成して、作り直しの稽古をした。稽古をして驚いた。動きがない分、言葉が豊かにふくらむのである。すべてのイメージが見えているおけいさんだからこそできることで、ライフワークというのはこういうものかと、思わせる力があった。

聞けば、おけいさんはもう一度足の疾患に挑戦するのだという。彼女のことだから、難なく難関を乗り越えて、舞台に帰って来るだろう。おけいさん、次の『母』はいつですか？

ふじたあさやプロフィール

1934年、東京生まれ。早大在学中に『富士山麓』を福田善之と合作。放送作家を経て劇作家・演出家としてデビュー。代表作に劇団三十人会の『日本の教育1960』『現代の狂言』『ヒロシマについての涙について』、前進座の『さんしょう大夫』（斎田戯曲賞受賞）、京楽座の『しのだづま考』（芸術祭賞受賞）、文化座の『サンダカン八番娼館』、青年劇場の『臨界幻想』、児童劇に『ベッカンコおに』がある。元日本演出者協会会長。元昭和音楽大学教授。アシテジ〈世界児童青少年舞台芸術協会〉日本センター会長。

そんな格好のええもんと違います——生涯女優 河東けい＊もくじ

第2章 「もっと羽搏きたい!」

第3章　反戦・平和を希求して演じ続ける　131

第1章
おいたち

1977年の河東けい

1　誕生

女優・河東《かとう》けい、本名西川紫洲江《しずえ》は1925（大正14）年11月20日、大阪湾上に延ばした大阪市の新しい市街地・北港《ほっこう》住宅で生まれた。

現在は当時の住宅地の痕跡をたどることは難しいが、北港は大正時代には西六社と言われる住友化学・住友電工・住友金属・大阪ガス・日立造船・汽車製造の大工場を中心に重化学工業地帯として発展し、昭和初期には沿岸部が工業港として整備されたというから、そういう工業地帯に隣接した近代的な新興住宅地であったのだろうか。北港住宅についての文献などを調べたが、手掛かりはなく、大阪市立中央図書館に問い合わせてみた。利用者サービスの担当者から、大正後期の住宅地には北港住宅の名は見当たらない。わずかに昭和初めの「大阪市交通図」の中に「北港住宅」というバス停があったことが記録されているとの報告を受けた。現在の此花区の北港大橋近くの西島《とりしま》交差点あたりという。

北港には遊休地に2001年にユニバーサル・スタジオ・ジャパン（ＵＳＪ）が開設され、若者や家族連れで賑わうテーマパークとなっている。また沖合には夢洲《ゆめしま》、舞洲《まいしま》の人工島が建設されている。

1995（平成7）年1月17日早朝、70歳の紫洲江は母と暮らす神戸市東灘区御影の石屋川沿いの自宅で阪神大震災に遭遇したが、紫洲江が生まれる2年前の1923（大正12）年9月1日の、関東大震災は、東京はじめ関東地区の死者・行方不明者10万5千余人、建物被害30万余棟という大災害であった。またその翌年の1924年には、この震災を契機に小山内《おさない》薫《かおる》、土方与志《ひじかたよし》らによって新劇の殿堂・築地小劇場が設立された。日本の近代演劇はここに幕を開けた。

河東けいこと西川紫洲江は、そんな時代に生まれたのである。

ちなみに1933（昭和8）年に、築地署で特高（特別高等警察）の拷問によって獄死した小林多喜二の労農葬は、この築地小劇場で執り行われている。

2 父のこと、母のこと

西川紫洲江は大阪で貿易商を営む西川正躬《まさみ》、トシの間に生まれた。正躬とトシの間には1男3女の4人の子どもがあり、紫洲江は姉が2人、兄が1人の4人兄弟の末っ子である。河東は言う。

「小さいころからずっと、うちではパパ、ママと呼んでた、お父さん、お母さんといったことなかったけど、そのころでは珍しい呼び方やったでしょうね。幼稚園でも小学校でも、先生が私には〝パパ、ママ〟と言ってくれたので、他の子と違うという感覚は全然なかった」

父、母のルーツを探ってみると、父正躬の実家西川家は、広島県沼隈《ぬまくま》郡松永町の旧家で、松永町は1900（明治33）年に町制施行により松永村から松永町となったが、1954（昭和29）年に近隣の村がいくつか合併し松永市となり、現在は福山市松永町となっている。

西川家は岡山から広島にかけての元広島藩浅野家の藩士であった。祖先は浅野藩の祐筆の家老だったとかで、西川紫洲江の祖父の西川國臣《くにおみ》は松永小学校の校長や、1909（明治42）年から第2代の松永町長を12年間務めた村の名士だ。余生を得意の通俗講演、おとぎ噺、和歌、書道をもって鹿児島から北海道まで全国を行脚していたという。和歌は中国、芸備両新聞歌壇の選者を長く務めた。書家であり、考古学にも造詣深く郷土史家でもあった。著書に『深津、安那、沼隈郡孝義六』『習字帖』『備後六郡内碑文集』などがある。辞世の句は

「借りもなく貸しもなければうつし世に思いのこしはつゆほどもなし」

であった。

一方この國臣の妻マスもなかなかの女傑だったようだ。1921（大正10）年に町長の國臣が郡立実科高等女学校（現広島県立松永高等学校）を設立するが、「女も学をつけねば」というマスの熱意と段取りがあったおかげで設立にこぎつけたのだという。

父には12人の兄弟がいて、父の正躬は三男だった。長男の一郎は文才があり、九州日日新聞の編集長を務めたが42歳で夭折している。

「〝毛利のお姫様〟の話を脚本にし、歌舞伎座で上演されたことがあるそうです。一郎宛の坪内逍遥の巻紙に書かれた書簡が残っていたが、それは美しい文章でしたよ。その書簡は一郎の子どもに手渡しました」と語ってくれたのは、正躬のすぐ下の弟・正名の末っ子の丸山敦子。現在は西宮の甲東園でタイ料理の店を営む紫洲江のいとこである。彼女の父正名が一郎の息子の面倒を見て大学まで出したという。正躬・正名の兄で次男の二郎は幼少時に亡くなっている。

明治以降は士族といっても経済的には苦しかったから、他の兄弟たちは大阪などに出て、それぞれ職についている。広島で教師をしている者や満鉄（南満州鉄道）に勤めていた弟もいたという。

紫洲江の父の正躬は温厚なクリスチャンで、自分の功を口にする人ではなかったが、早くに大阪に出て、ずっと実家に仕送りをして助けていた。

旅好きの祖父の國臣は、時々息子の正躬宅を訪ねて来て、孫たちに得意の物語を語ってくれた。全国行脚の途中だったかと思われる。


「旅好きのお祖父ちゃんは、ハンサムで白いおひげがスーッと長くて、お酒をちびりちびりやりながら、『チュンチュン雀が…』なんて創作話を身ぶり、手ぶりで、感情豊かに話してくれるの。孫たちはみんな行儀よく膝に手を置いて、お祖父ちゃんの声色《こわいろ》のお話を聞くのが、それはそれは楽しみだった」


やさしくて姿良しの祖父の思い出を語ると、今も心がほっこりとなごんでくる。

河東けいのひとり語りの原点かもしれない。


一方、母トシの実家鵜瀞《うのとろ》家は、仙台のこちらも伊達藩の士族である。

トシの母、紫洲江の祖母には優秀な兄弟が7、8人いたというが、母が亡くなった今では記憶は断片的だ。

その母のおじたち、紫洲江にとっては大おじにあたる人たちは、インテリでおしゃれな人が多かったようだ。その一人、一郎おじさんは真っ白な麻の服、パナマ帽に白い靴、三井物産に勤めていた。

「ステッキ持ってね、それはそれは、オシャレなおじさんだったらしいの」

母のトシには憧れのおじさんであった。そして一番下の豊おじさんは、陸軍士官学校出の若き士官である。

祖母は男の兄弟の中の唯一の女性だったから、その兄弟にとって初めての姪であるトシは、おじさんたちにずいぶん可愛がられ、トシもこのおじたちには深い想いを抱いていたようである。

「おじさま方が立派な人たちだったから、ママにはうちの子たちもそうあらねばという思いが強くてね、それで出来の悪い私はどれだけ困ったことか」

と河東は苦笑する。のちに芝居をやりたいといった時も母は頑として許さなかったのである。「河原乞食のような」「下卑た」と言った言葉で反対した。終戦直後の日本では、まだまだそんな偏見が残っていた。士族だったという誇りもあったのだろう。

母トシは長女で、姉弟は女が6人、たった一人の長男の武彦は20歳の若さで肺結核に罹り亡くなっている。子どもが多いので暮らしは大変だったらしいが、そのおじたちがいつも見守ってくれていたようである。

「立派なおじさま」たちの何番目かの潤おじさんは陸軍の将校で、岡山連隊に勤務していた。母トシは仙台から行儀見習いとして、そのおじさんの家で花嫁修業に励んでいた。正躬は広島だったから、地理的にも近く、士族同士で家柄も合うということで引き合わす人がいたのだろう。

「広島から汽車で来たパパに白い髭の祖父が『所望するか？』と問い、『所望する』といったそう。パパに聞いた話よ」

それで正躬とトシの結婚が決まった。

父の正躬は文学好きの人であった。幼少より成績がよく、『児童研究』第2巻に〜尋常小学第一学年　西川正躬　七年八カ月「ゆきふりててんはまつくろちはしろしまつかなあさひはやうでい／＼」とよみでたり〜という記録が残っている。紫洲江はかつて私小説らしいものが書かれたノートを読んだことがあるが、おそらく父が若い時に書いたものであろう。子どもの名前も、兄は一行であるが、女子は、富美江、比佐江、紫洲江となかなか凝った名を付けている。前出のいとこの丸山敦子によれば、「祖父は西川の女子には西川の川にちなんで水に関する名を付けた。お岸、すみ江、ミヲ（澪）など」という。

正躬は大阪で、最初は貿易会社の兼松江商の前身である会社に入ったが、のちに独立して「西川貿易」を設立する。兼松時代の経験を活かして、衣料品を扱っていた。紡績会社を廻って製品を注文し、主に英国やインドとの交易をおこなっていた。そうして広島の子だくさんの実家に仕送りをしていたようだという。そのころ、インドとの交易をおこなっていたのは日本では珍しいことであった。

「争いを好まない穏やかな人だけど進取の気性に富んでいてね、冒険心があった。どんどん未開拓な南方やアフリカに日本人として初めて行ったらしい。一方で敬虔なクリスチャンだったんよ」

やさしい父親への敬愛の念は、この言葉にも現れている。

「パパはしょっちゅう外国に行っていた。ヨーロッパにインド、アフリカにも。船だから、何か月も

1929（昭和４）年、紫州江５歳のクリスマスに、父が子ども一人ひとりに贈ったルバムから（19 頁の写真も）。中央が紫州江。

かかって帰って来るんだけど、長い間会ってないから私ら恥ずかしくて、パパの顔が見られず、いつも下を向いていたわ。外国の面白い話をいっぱいしてくれた」

「でもパパはどちらかというと芸術家肌で繊細、絵がうまくてね、商売には向いてなかったと思うのよ、こすい番頭さんに得意先、全部持っていかれて〝破産〟という言葉を聞いたこともあるけれど、パパはあくまで紳士やった。細いきゃしゃな体で、病気がち。借金取りが短刀を持ってうちに来て、そんな時、私は心配でこっそりのぞきに行くと、パパは寝ていた体を起こして、静かに『いずれはお返しします』――相手は拍子抜けしたのか、黙って帰っていった。パパもママも苦労してたんやろうね、それでも私らはいつも外に出るときはお揃いの服着ていた、ギャザーやリボンのついたものをね。貧乏やったけど、人様に惨めな様子は見せたくないというママの誇り、意地があってか、いつもさっぱりとしたものを着せてもらっていた。士族の誇りやねえ。お嬢さんみたいやったなあ、フッフッフ」

おしゃれをして写真館で毎年、家族写真を撮るのも恒例になっていた。

家にはいつも広島の田舎から高等小学校を出たばかりの娘が行儀見習いに来ていた。幼稚園や小学校の送り迎えは、その娘たちが務めた。お嫁に行くときは、嫁入り支度をしてやって嫁がせるのである。そうしたらまた次の娘がやってくるから、家の中にはいつも広島弁が飛び交っていたという。

3　上京

紫洲江が尋常高等小学校の頃、家族は大阪市内の福島へ転居。教育ママの方針で、「いい学校」と評判の中之島小学校へ広島から来ている女中さんに連れられて通った。

紫洲江は最近、福島の昔住んでいた界隈に行ってみたが、雰囲気はあまり変わってないので驚いたという。「この辺、トコトコ歩いて通ったなあ」と、懐かしかった。

やがて4年か5年生のころ一家は兵庫県西宮の甲東園に転居した。甲東園は、香爐園、苦楽園、甲陽園など「西宮七園」のひとつで、今では西宮市の高級住宅地である。

体が丈夫でなかった父のために、大阪から空気の良いところへと移ったのである。今と違って、当時の甲東園はその丘陵地に関西学院大学と神戸女学院があるだけの静かな住宅地で、一面に苺畑が広がっていたという。

阪神間の発展は私鉄の発達と切り離せない。阪神電気鉄道、阪急電鉄は競って大阪神戸間に鉄道を敷き沿線の開発に力を注いだ。海水浴場、遊園地、甲子園球場、動物園、温泉そして宝塚歌劇……これらの娯楽施設だけでなく、沿線の宅地造成を進め、大阪などで働く人々の住居地として開発を進めていった。「阪神間の私鉄にとって、沿線に住む人口を増やすことは至上の課題であった」【坂本勝比古「郊外住宅地の形成」[『阪神間モダニズム』(『阪神間モダニズム』展実行委員会編著・淡交社」より抜粋】

明治41(1908)年に『市外居住のすすめ』という冊子が阪神電鉄より発行され、当時の医療関係者が、「南に海を控え、北に山を負った空気の良いところこそ健康に良い、養生地として最適である」「虚弱者は市外居住を」と熱心に勧めている。『阪神間モダニズム』では「当時の大阪の環境悪化とともに明治38年から40年末にかけて一時鳴りを潜めていた疫病のペストが大阪市民をふたたび脅かし、600人近い死者を出していたこともあった。健康面からの訴えかけが当時においては最も説得力を持つと考えられていた」と記している。

まさにこういう風潮が、虚弱であった正躬の健康を気遣っての甲東園への転居になったかと推測される。

学校へは阪急電車で通っていた。時折、家の前を宝塚歌劇のスター轟《とどろき》夕起子が袴に靴をはいて何か口ずさみながら歩いていたのに出会ったりした。近くに小夜《さよ》福子もいた。そのころのスターは何人か甲東園にいたようだったという。

女学校は谷町4丁目の名門清水谷高等女学校を選んでいる。当時大阪では、この清水谷高等女学校と大手前高等女学校が名門とされていた。

「大手前はよく勉強する娘《こ》、まあガリ勉が多く、清水谷は勉強もできるが、女らしいというか、おっとりした娘が多かった」

やがて家も手狭になり、折りよく阪急神戸線の御影《みかげ》に新しい60坪の家が見つかり、そこに住むことになった。

このころ、世界ではドイツがポーランドへ侵攻、第2次世界大戦が始まろうとしていた。日本もまた1938年に国家総動員法が出され、「大政翼賛」「八紘一宇」「ぜいたくは敵」などのスローガンで戦意高揚の空気が支配し始め、ついに1941（昭和16）年12月8日、日本軍が真珠湾を奇襲、太平洋戦争が勃発する。

戦況が悪化する中、女学校を卒業した紫洲江は上京して日本女子大学へ入学する。

「とにかく東京へ行きたかった、違うところへ行きたかったんやね、姉たちは神戸女学院へ行ったけど、東京にはママの親せきが多かったから許してくれたんやと思うわ。勉強できへんのに厚かましいな」

母トシの親戚筋が日本女子大学に通っていたこともあって、日本女子大学の英文科に入学した。

そして紫洲江は寮に入った。3、4人部屋であった。

一年目はまじめに授業にも出ていた。しかし英語は嫌いだった。ただ英文学史は好きだった。

「わたし、頭悪いから文法なかなか覚えられへんのよ」

という。しかし後に学長になる上代《じょうだい》たの先生の文学史は別だった。授業が面白く、シェークスピアなどを楽しく学んだ。吟唱の部分から学んだ。文学・物語が好きだったからであろう。

「物語が好きだったんやね、小学校のころ布団をかぶって大人の小説読んでたんよ、その後も夏目漱石やいろいろ、純文学が多かったわ。電気が漏れて、ママに見つかり、こっぴどく怒られたけど…」

紫洲江の恩師の上代《じょうだい》たのは島根県出身。高等女学校卒業後に小学校の教師になるが、両親の勧めで日本女子大学英文科に進む。東京帝国大学に行きたかったが、当時は女子の入学は認められなかった。やがて同大学教授であった新渡戸稲造《にとべいなぞう》の斡旋でアメリカに留学、帰国後の1917（大正6）年に日本女子大学教授となる。日本で最初にアメリカ文学とアメリカ史の科目を導入した女性である。その後もミシガン大学、イギリスのケンブリッジ大学に留学。帰国後、日本女子大学の教授、学長をも務めた。世界平和アピール七人委員会の創設、「図書館友の会」を設立し、大学図書館の充実・発展にも功績を残している。女性教育者の先達であり、穏やかで聡明な人であった。

そんな魅力的な恩師に出会えたことは紫洲江にとって幸せなことであった。今でも紫洲江が尊敬する人の第一に挙げるのが「上代たの先生」である。

東京では、1937(昭和12)年に久保田万太郎、岸田國士《くにお》らによって「文学座」が結成されている。1944(昭和19)年、空襲が激化する中、「劇団俳優座」が結成され、青山杉作、小沢栄太郎、千田是也、岸輝子らが所属していた。

1945(昭和20)年、4月になって、戦局の悪化と東京の空襲の激化を心配した家族の要請で、紫洲江は大学を休学して実家のある神戸へ呼び戻される。

4 戦争

しかし、その神戸もすでに大空襲に遭うなど危険であったので、西川家では姫路の北方の山間部の千本という村に一軒家を建て疎開し、神戸市東灘区の御影の住まいとを行き来する。

戦争中は食べ物がなくてどこの家でも大変だった。幸い父が全国に知り合いがいて、いろんな食

今も残る疎開先の千本の家の前で（2017年5月）

料を調達していた。「西川のところに行けば食べ物がある」というので、兄の友達なんかがよく遊びに来ていた。

何が本当なのか、知らされない時代、混沌としていた。何もわからないうちに日本中が一つの方向に向いていく、その結果が戦争である。兄も召集されて戦地に行った。若い有能な青年がみんな戦地に赴き、そしてたくさんの尊い命が犠牲になった。

この時代の人にとっては男女を問わず、戦争の影響を受けずに暮らすことは不可能であった。

しかし、時局の悪化する中、空襲警報下の東京では、文学座の杉村春子が森本薫の『女の一生』を久保田万太郎の演出で初演。防空頭巾をかぶって長蛇の列を作り観に来た人たちがいたという。

「大空襲があっても人々は何かを求めて来たのだ

ろう」(新藤兼人著『女の一生〜杉村春子の生涯』岩波書店より)。杉村春子はそう語っている。

当時、まだ演劇への関心など微塵もなかった女子大生の紫洲江にとって、あずかり知らぬ出来事ではある。

日本女子大学の同期に『おしん』『渡る世間は鬼ばかり』などで後に売れっ子脚本家となる橋田寿賀子がいた。優等生らしく行儀のよい生徒だったという。紫洲江とは同じ寮だった。自分たち英文科は全く行儀がよくない。彼女からよく非難の目を向けられた。名前が売れてから大阪で一度会って飲みに行ったことがあるが、どんな会話をしたかあまり覚えていない。

神戸大空襲

神戸も大阪も空襲で大きな被害を受けた。神戸の自宅は直撃を免れたが、前の家と隣が直撃で燃え上がった。家族は防空壕に入って避難していた。窓から水をかけて何とか大事な家を守りたいと防空壕を出ようとしたが、父から「命の方が大事だ」と止められ、隣から燃え移って焼けていく自宅を悔しい思いで眺めるばかりだった。楽しかった家族との思い出もみんな燃えていく……。

「何にも出来へんかった、その時のことを思い出すと悔しくて悔しくて……」

残念な思いは今も消えない。父がやっと手に入れてくれた「我が家」なのである。

神戸は造船所など重工業の工場などが多かったから大きな空襲を受けている。正確な数字はわかっていないが「神戸空襲を記録する会（代表・中田政子）」によると、終戦までに大小合わせて100回以上の空襲で、8000人以上の市民が犠牲となり、延べ65万人が家屋に被害を受けたとされている。3月17日は長田や兵庫が、6月5日には東神戸および阪神間の町村が壊滅的な被害を受けた。

この「神戸空襲を記録する会」では、全国に死没者名簿の収集を行い、さらに慰霊碑建立のための募金を呼びかけて2013年8月に神戸空襲犠牲者の名前を刻んだ慰霊碑を市街地が一望できる大倉山公園の一画に建立した。同会は毎年体験談を聞きながら巡る「戦跡ウォーク」を行っている。2017年は6月4日に神戸市の須磨区を巡っている。

また、「灘区・東灘区平和マップを歩く会」（代表・簗山智津子）でも、10月下旬に阪急御影から弦羽《ゆずるは》神社・御影公会堂、「火垂るの墓」モニュメントなどを歩く「戦跡ウォーク」を予定している。

神戸市文書館所蔵の米軍資料によると3月17日にはB29が306機飛来、焼夷弾と爆弾2328・1トンが投下された。6月5日にはB29が474機飛来、焼夷弾と爆弾3079・1

トンが投下された。妹尾河童の小説『少年H』が前者の、野坂昭如の『火垂るの墓』が後者の空襲をリアルに描写しているが、紫洲江の家はまさに『火垂るの墓』に出てくる御影の石屋川沿いにあったからひとたまりもない。「6月5日の空襲で御影町は西部、南部が特に大きな被害を受け、師範学校も焼失した。葺合区の神戸製鋼所、川崎重工業製鉄工場、日本ダンロップなどの工場も被災した(『続・御影町史』御影地区まちづくり協議会発行より)」。神戸市に米軍機が飛来したのは84回とされているが、上記2回のほかに神戸への主だった空襲は2月4日、5月11日、8月6日などであった。

「空襲警報下、逃げ惑う人たちが浜の方から「ギャー」って叫びながら川沿いの道を上ってくる。「空襲、空襲」となったとたんワァーとそんな人たちが、6畳ぐらいのうちの防空壕にガァーッと入ってくる。「南無阿弥陀仏…」と唱えだす人、恐怖のなか、みんな必死で生きようとしていた。川向こうのあちこちで火の手も上がるし、狭いところに大勢が入ってきて暑い、暑い。ヒューバァンバァン、ヒュードドーン、ドドーン、この真上に落ちてきたらどうなるか!……爆撃の恐ろしい音、阿鼻叫喚の世界だった」

紫洲江の自宅の石垣の端に焼夷弾が落ちたが、その向き先が違ったから命拾いをした。何の罪もない市民が虫けらのように殺されていくのを目の当たりにした。

小説『火垂るの墓』でも、主人公の清太は妹の節子を背負って焼夷弾の炸裂する石屋川沿いを逃げ惑うが、堤防に上って爆音が遠ざかった街を見渡せば、あたり一面焼け野原、わずかに御影公会堂がポツンと残り、焼け跡は六甲山の麓まで続くように見えたとの描写がある。

作者の野坂昭如は当時、御影公会堂の西、石屋川を挟んだ灘区徳井町に住んでいた。紫洲江の家は御影公会堂の北にあった。

また紫洲江は、姫路の奥に疎開しているとき、姫新《きしん》線の列車に乗っていて、ドドドドドドーって飛行機から撃ってくる敵の兵士と目が合った、そんな近くから撃ってくる。とっさに座席の下に潜り込んで命拾いをしている。

8月15日、酷暑の昼間だった。誰かが「戦争終わったよ〜」って言いに来てくれた。

父親の計らいで時折、疎開させてもらっていた鳥取の山村の果樹園の山中だった。

「全部真っ白、それだけだった。何にもなくなった。終わって喜ぶというより、腹の底の方で深くオーっという感じだった。すぐには実感がなかった」――自分の存在そのものが掴《つか》めなかった。

いつ死ぬか、いつ死ぬかという思いがいつもつきまとっていた、それがいきなりなくなって、どうしていいかわからない、敗戦の実感というのもなかったという。

今も忘れることのできない苛酷な戦争体験。紫洲江の反戦への思いはひときわ強い。

「本当に恐ろしい。こういう体験をした人は、もうそんなにはいないやろね、みんな騙されて戦争したと思うわ。戦争はだめや、平和憲法、大事にせんとね」

恐ろしい思いをした戦争体験から発せられる反戦のこの言葉は重い。

神戸の実家では焼け跡に小さな家を建てた。

『火垂るの墓』に出てくる、一面焼け跡の中にポツンと残った御影公会堂。現神戸市立御影公会堂は、御影町時代の１９３３（昭和８）年に白鶴酒造の嘉納治兵衛の寄付によって建てられ、空襲で建物は残ったが、内部は大きく被災し、「がらんどう」のようであったという。長く修復されずにいたが、神戸市によって修繕され、1953（昭和28）年にようやく使用されるようになった。大ホールは1000人収容できる当時の神戸市最大の集会施設であった。阪神大震災では周囲は大変な被害を受けた地区であったので、大きな被害がなかった御影公会堂は約1年間、多くの被災者の避難施設として活用されている。

以前の御影公会堂

2017年のリニューアルオープン後

提供：神戸アーカイブ写真館

　2016年より老朽化が進んだ建物の修繕とバリアフリー化工事が行われ、2017年4月、御影公会堂はリニューアルオープンした。

　建設当初から営業している老舗の食堂は名物のオムライスが人気で、近隣からの利用者で連日にぎわっている。私は5月のゴールデンウィークの最後の日、息子家族を誘って行ってみた。バリアフリー化された入口からエレベーターで地下の食堂へ。

食堂には当時のメニュー表なども掲示されていて、レトロな雰囲気を味わえる空間となっている。

食堂の向かいに地元出身の講道館柔道の創始者で、「柔道の父」「日本の体育の父」と呼ばれた国際オリンピック委員をも務めた嘉納治五郎の功績をたたえた展示のコーナーができている。この公会堂を寄付した嘉納治兵衛の子孫では？と思ったが、別の嘉納家だという。

石屋川公園に建てられた「火垂るの墓」モニュメント

御影地区まちづくり協議会発行の『続・御影町史』に、当時、御影幼稚園で教員をしていた内海薫氏の証言を載せている。

「3月の空襲で幼稚園は4月から休園になって、被災した人の避難所になっていた。6月5日のあの神戸大空襲があり、その時は主任の次の先生（副主任？）が宿直で用務員の女性と宿直をしておられ、朝の6時半ごろ、御影幼稚園も焼夷弾が落ちて全焼してしまったのです。それで主任の次の先生は顔に大けがをされて、用務員の女性は亡くなられたのです」

終戦から5年後の1950（昭和25）年、御影町、住吉村、魚崎町が神戸市に合併、神戸市東灘区となった。4月1日の新聞は「きょう『大神戸』発足～御影、住吉、魚崎を東灘区に全国第3の大市　貿易の飛躍を期待～」という記事が掲載されている。（「続・御影町史」より）

2017年6月3日、空襲から72年目の6月5日を前に、リニューアルされた御影公会堂で『火垂るの墓』の映画が上映された。原作も読んでいたのに、過酷な兄妹の運命に涙が止まらなかった。空から爆弾を落とし、女性や幼い命までも無差別に殺戮するという、もっとも非人間的な行為の本土空襲は、全国60都市におよび、40万人とも46万人ともいわれる犠牲者を出したのである。

5　ふたたび上京したものの

紫洲江は東京に1946（昭和21）年に戻って大学に復学した。敗戦直後の東京も焼け野原で何もなかったが、「空襲がなく雑然としていたが、復興に向かっていこうという空気が感じられた」のは頼もしいことだった。

大学に戻ったものの紫洲江は、学校には何か馴染めずあまり行きたくなかったので映画ばっかり観ていたという。シェークスピアの『ロミオとジュリエット』などは10回近くも観た。台詞のイントネーションがきれいだった。学校に行かず、楽しい課外授業だった。

学生時代に少し芝居に触れたのはこのころだ。早稲田と東大の演劇部の学生が学校に勧誘にやって来て、芝居の話をしていたが、難しい話ばかりで、女子大に珍しい男子学生の訪問だったが、親しくなれそうな雰囲気ではなかった。彼らは「あかり座」なんていう名をつけて芝居をやろうとしていたらしい。

「私は芝居より文学を読むのが好きだったんよ」

紫洲江は大学を卒業後、1年くらい東京にとどまった。紹介してくれる人がいて、焼け野原にポツンと残っていた建物の中で出版物を配給する会社に勤めた。本の取次会社であろうか。ところが、いわばお嬢さん育ちの紫洲江である。出勤はいつもお昼頃、時間通りに出社せねばということもわからなかったのだ。

「みんなこんなに暇なのに、何で朝からくるんかなと思った。世間知らずやね！」

そこに勤めていた人たちは、かつては出版会社に勤めていたインテリの人たちだったから誰も何も言ってくれなかった。

「言いにくかったんやろうねえ」

「恥ずかしいことや」

かなり経ってから、ある時、寡黙な社長が一言「みんな朝から来てるので……」。その一言で、紫洲江は会社を辞めた。

「アトランダムな時代やったと思うわ、私でもしばらくはおらしてくれたんやから。きっと女子大を出てもこんなものかと思われてたんやろうね。でも、誰も仕事への指示をしてくれなかったんよ」

だから学生時代のように映画ばかり観ていた。戦前版の『ロミオとジュリエット』ほどではないが、『真夏の夜の夢』もよく観た。ドラマの作り方、学生時代文学史の岩崎民平先生に教わった戯曲の成り立ちなども思い出して興味深かった。岩崎民平は有名な英語学者で、のちに辞書編纂者としても名を知られている。

紫洲江はのちに「関西芸術座」で、演出も手掛けたが、案外この時代の生き方が役に立っているのかもしれない。

当時の友人で国文科だったA子は早熟な娘で恋愛ばかりしていた。作家のところに原稿を取りに行く時など、いつも何かあったようだという。ものすごく色っぽくて、男好きのする娘だった。相手の男もしょっちゅう変わっていた。自由奔放に生きていた。時代が変わって、そんな生き方をする女性も多く、〝アプレガール〟という言葉が流行った。だが紫洲江は、

「私にはできなかった。勇気がなかったんやね。ただただガックリとした大穴があいてしまった虚ろな状態がずっとずっと続いていた」

やがて、A子とは別々に二人とも関西に戻った。彼女が病気だと聞いて見舞いに行ったとき、彼女の兄夫婦に会った。妹のことを恥だと言っていたが、誰にも理解されない彼女が可哀そうに思え

た。のちに亡くなったと聞いたが、彼女も〝戦後〟というアトランダムな時代に生まれた、一つの自由奔放な個性であったのだと思っている。

戦時中の自分は、ただ家を離れたかっただけで東京に行った。

「だが、戦後は全く夢もなく、サルトルやボーヴォワールの実存主義に共鳴はしていても、ただ満たされない気持ちで、長い間うろうろしていた。現実感がないから、自分で勝手に夢を描き、でもそれがどれも現実にならなかった。だから神戸へ帰ってきたんやね」

戦後の混乱期、誰もが大変な思いをしていた、紫洲江の両親もまた、食べるのに必死だった。焼けた敷地内に15坪ほどの小さな家を建てた。当時は建物の広さに制限があった。建築の資材不足でそんな制限が設けられたらしい。三井物産に勤務していて、外地から帰ってきた姉夫婦がそこに住み、やがてその敷地内に両親も15坪の家を建て、そこに紫洲江が東京から戻ってきて両親と住むようになった。

その家は多少手を入れているが今も健在だ。亡くなった兄の妻である西川恵美子と紫洲江は同じ敷地内に隣り合って住んでいる。

紫洲江は関西に戻っても、希望も何もなかった。世の中が混とんとしていた時代、違う世界があるのではと思ってそれをつかみたかった。が、それが何かは全くわからなかった。

6　芝居の道へ

「戦争が終わって、みんなどうやって生きてるんやろ？」

「究極、人間は生きるか死ぬかやんか、それだけのものでしかない」

そういう想いがずっと紫洲江の心を占めていたという、幸せな家庭を築いたり、子どもができたり、そういう明るい未来思考が自分にはそぐわなかった。いつまでたっても違和感があったという。

「まあ、そういう機会があって結婚していたら、それなりに生きていたのかもしれんけれど……」

その機会はいっぱいあったというのだ。兄の友人でこれと思う仲の良い男性が二人、一人はずっと幼いころから家に遊びに来ていた幼友達。彼も紫洲江に好意を寄せていたように感じていた。もう一人は甲南高校から京大と、ずっと兄の一行と一緒だったバスケット部で活躍するKだった。京大医学部、頭脳明晰でスポーツマン、長身の「カッコいい人」だった。「ママも賛成だった」。ある程度付き合っていた、と言っても当時のことである、京都の御所のあたりを散歩したり、映画を観たり、喫茶店でお茶を飲む程度のプラトニックな恋だった。ちょうど芝居の道に入ったころで、それにのめり込みだして、Kとはいつの間にか大した理由もなく会わなくなってしまった。

何年かたってから金沢大学医学部で研究を続けていた彼と逢って久しぶりにデートをした。息子が二人いるという。何年か後、金沢に行った折、早逝した彼のお宅にお参りに行った。

「奥さんは全くの普通の方、私と同じ日本女子大卒と聞いて、えっ、なぜと驚いた。遺影を見ていて、この彼と一緒になっていたら私はどうだったのだろう、やはりこの奥さんのように子どもを産んで、普通の生活をしていただろうか、想像つかないなぁ」

なんて思ってみたりした。
東京から帰った紫洲江は義兄の紹介で、滋賀県の膳所高校の英語の教師となった。しかし進学校の優秀な生徒たちに教えるには自分は力不足、紹介してくれた義兄にも悪い、「こんな先生に教わる生徒がかわいそう」と1年も勤めずに辞めてしまった。この義兄はのちに英語学の分野で優れた功績を残している学者である。

旧朝日会館（落成時／提供：朝日新聞社）

その後、英会話の勉強になればと、夙川に住んでいたアメリカ軍の将校の家にメイドとして勤めたこともあったが、これも長くは続かなかった。彼たちの英語はあまりにも訛りがひどかったのだ。聞けば、アメリカ南西部の出身であった。

その頃、クリスチャンとして家族ぐるみで付き合いのあった豊中の牧師さんの息子で「ポウロちゃん」こと高瀬保羅《ポウロ》が大阪中之島の朝日会館に勤めていた。空襲で多くの建物が消失した大阪で、当時、唯一といってもよい、残っていた劇場だった。この朝日会館は、紫洲江が生まれた年、1926（大正15）年に建てられ、1962（昭和37）年までのおよそ40年間、大阪の文化の殿堂となっていた。地下1階、地上6階建てのビルで、ニューヨークのアメリカンラジエータービルを参考にした黒い壁に窓枠を金色に縁どったユニークな外観で、内部は太陽神ラーをモチーフにした古代エジプト様式の建物だった。

同い年の知人ポウロちゃんがいるから、それに文化的なことに興味もあったので、訪ねていった。そこで、出会ったのが阪中正夫《さかなかまさお》であった。

7　阪中正夫との出会い

「下駄をはいた紀州弁の変な人」というのが第一印象。

この阪中正夫との出会いこそ紫洲江が演劇の道に進むきっかけであった。

阪中正夫は1901（明治34）年、和歌山県紀ノ川中流沿いの農家に生まれた詩人・劇作家である。紀州弁を活かした詩人として知られた。のちに田中千禾夫《ちかお》らと岸田國士《くにお》に心酔し、劇作家となる。全編を紀州弁で綴った『馬ファース』で現在の芥川賞に匹敵すると言われる「改造賞」を受賞する。

戦争中、郷里に帰っていたが、戦後、大阪に出て途絶えていた文筆活動を再開する。『馬』はラジオドラマや舞台で上演されている。

この阪中の周りに演劇を志す多くの学生たちが群れていた。「朴訥で豪快な人だった」から、人柄を慕ってか、関西学院大学、関西大学、同志社大学などの学生が阪中正夫を取り巻いて、一日中彼について回っていたという。梅田の喫茶店「スパニョーラ」で朝から演劇論か何かをたたかわせている。みんなよくしゃべった。そのまま夕方になると、連れだって飲みに行く。当然、紫洲江もついて歩いた一人であった。

彼らの中に〝けったいな女〟が一人付いてきていた。

「東京の食糧事情が悪くなって、阪中先生は紀州に帰ってきた。戦後、朝日会館で先生の『鶯』という作品をやることになっていたらしいが、そんな時、偶然に出会った、それが〝運のつき〟だったんやなあ。『鶯』は観てないから、ポシャったんと違うかな。阪中先生は今までに見たことのないような人やった。紀州弁で好きなように書いていた。紀州の田舎に奥さんと子どもがいるらしいけど、食糧事情の悪い時だから、家族をおいて都会に出て、書こうと思ったんやろうね、ずっと後は紀州に戻って大阪に通っておられた。下駄はいてね。書こうという思いがみなぎっていて、すごい人！と思った。梅田界隈の喫茶店「スパニョーラ」に関大、関学の学生らしい人たちが朝から集まって、阪中先生を囲んでしゃべってた。コーヒー一杯で、タバコ吸って、夕方遅くまで粘ってた。どんなに迷惑なことか。ある時間になったら「それじゃあ、行こうか」って、下駄をガーラガラと音させて、みんなで飲みに行く。私も面白い話が聴けると思って毎日ついて歩いた。

その頃、女は珍しかったらしく、けったいな女がついて来てると噂されてたらしいけど、おかげでお酒だけは鍛えられたわね。ハッハッハ」

このころ、阪中の周りにいた学生たちの中には、のちに朝日放送のディレクターや、読売新聞の文化部記者として活躍している人たちもいる。

朴訥な阪中にあこがれと淡い恋心もあった。のびやかな紀州弁で話す特異な存在だった。

「先生も『面白い娘《こ》』と、興味を持ってくれたらしい」

阪中に出会って1年ぐらいしてから、紫洲江は紹介する人がいて、梅田の近くにある「民衆劇場」

という劇団の稽古場に出入りするようになった。一つひとつが物珍しく、毎日稽古を見に行っていたので「芝居が好きなのか?」と聞かれ「興味ある」と答えたら、「入らないか」「ウン、入る」で、民衆劇場に入ることになった。阪中の知人ということで大事にされた。

当時、民衆劇場は主に紡績工場などを回って、そこで働く女性たちに演劇を観せていたので、「ドサ回り」の劇団といわれていた。阪中正夫は「そんなところへ行くな、自分がもっと他を紹介したのに」と言った。女子大出の彼女にはもっとアカデミックな劇団が合うのではと思ったのだろう。

こうして紫洲江は演劇の世界に進むことになった。「河東けい」と突然に思いついた名前をつけた。27歳になっていた。

8　築地小劇場と小山内薫

ここで河東けいが進むことになった、新劇のルーツとなる築地小劇場について触れてみたい。

先にも述べたが、河東けいが生まれる前の年1924(大正13)年6月に、小山内薫、土方与志によって開設された築地小劇場とは、日本初の新劇の常設劇場であり、ここに付属する劇団の名前でもある。日本の新劇運動の拠点となり、千田是也《せんだこれや》、滝沢修、東山千栄子、山本安英《やすえ》、杉村春子ら、終戦後の日本の演劇界で活躍する多くの人材を輩出している。

小山内薫は、すでに第一高等学校時代に「校友会雑誌」に投稿した『水車』という散文詩が評判になり、一高生の間に小山内薫の名を知らしめた。やがて、東京帝国大学英文科在学中に書いた詩や小説を森鷗外に認められるようになる。大学2年の時、メーテルリンクの『群盲』の訳稿を森鷗外が主宰する文芸雑誌『万年草』に投稿したことで、鷗外、上田敏、佐々木信綱らは「メーテルリンクをこれだけに翻訳するのはよほどの才人だ」と感嘆し、「どんな人だか見に行こうではないか」と言って上田敏がわざわざ薫を小石川の家へ訪ねたほどであった。（小山内富子著『小山内薫～近代演劇を拓く～』慶応義塾大学出版会より）という。当時の文壇劇壇の巨匠であった鷗外が日露戦争に従軍した折、戦地から手紙を送るほど薫に目をかけていた。

薫は大学卒業後には雑誌『新思潮』を発刊し、イプセンなどの戯曲の紹介などを行っていた。

島崎藤村との親交もこのころから終生続いた。

この『新思潮』はその後、断続的に刊行され、「新思潮派」と言われる新現実派の一派となって大正中期以降に文壇の主流を占めるようになった。

1909(明治42)年、薫は前年にフランス、イギリスなどへの演劇修行から帰国した二代目市川左団次と「自由劇場」を結成し、チェーホフなどの翻訳劇を上演した。

第一回試演はイプセンの「ジョン・ガブリエル・ボルクマン」を鴎外訳で取り上げた。会場は有楽座で、薫29歳、左団次30歳の若さであった。

ボルクマン見しかへり路の酔心地　夢見心地を忘れかねつも
幕外に小山内薫あらはれてかがやかしげにものを言う時

と、吉井勇が感銘を受けて詠んでいるが、10年間で9回の公演を打ったところで、日本で初めての無形劇場である「自由劇場」は幕を閉じた。

その後しばらく、小山内薫は大阪のプラトン社の編集顧問をし、朝日新聞に長編小説の連載を始め、書斎の生活を送っていた。川口松太郎が当時プラトン社に勤めながら薫の助手のような仕事をしていた。プラトン社は直木三十五らが関わっていた出版社であった。

1923（大正12）年9月1日、関東大震災が起こった。ドイツで演劇理論を学び、フランス、イギリス、ノルウェーなどで多くの舞台を学んでいた土方与志は急きょ帰国、六甲山で避暑中の小山内薫を訪ねてきた。

土方与志は伯爵土方久元の孫で、久元は明治の演劇改良運動の時期に日本演劇協会の会長を務めた人物。もともと演劇への関心が深かったのは、父を早く亡くした与志が、この祖父の影響を受けて育っているからだと考えられている。学習院から東大国文科に学んだ与志は学習院の友人を集めて「ともだち座」を作ったりした演劇青年であったが、山田耕筰（作）からの紹介で小山内薫に師事するようになっていた。祖父の遺産を受け継いだ与志は、それを持ってドイツに演劇留学中、関東大震災の報に大きな衝撃を受け、急きょ帰国した。その外遊留学費の残金を資金として、焼け跡に小劇場をつくることを薫に提案する。

こうして関東大震災を機に、転居した大阪に家族を残した薫と与志らの築地小劇場建設準備が始まった。用地の取得は困難を極めたが、永井荷風の紹介で、築地の土地を取得することになった。この折衝は浅利鶴雄（劇団四季の主宰者浅利慶太の父）が担当していた。

建物はネオ・ロマネスク様式で、漆喰の粗面はグレー一色に塗られていた。正面の入り口に3つのアーチ、ラインハルトの室内劇場を参考にした、わが国初めてのスカイドームの舞台、サスペンション・スポットの設備を持った斬新で画期的なものであった。土方与志の帰国からわずか6か月後の開幕にこぎつけるという異例の速さ。震災後の建築許可はバラック建築にしか下りなかったことが逆に幸いした。最初バラック建設で、のち立派な建物となった。

1924（大正13）年6月13日、築地小劇場創立第一回公演の幕が開いた。開幕を知らせるのは丸山定夫が打ち鳴らすドラであった。演目は土方与志演出の『海戦』（ゲーリング）、小山内薫演出の『白鳥の歌』（チェーホフ）、同『休みの日』（マゾオ）の3本立てで、「それは大きな感銘を引き起こした」（茨木憲著『日本新劇小史』未来社より）という。

とりわけ『海戦』への反響は大きく、秋田雨雀《うじゃく》、金子祥文、岸田國士《くにお》……らも絶賛している。日本における内面的・主観的な感情表現に重点をおくという表現主義演劇の最初の上演だった。

この築地小劇場の開設によって、日本の新劇運動は初めてその拠点を持つことができたのであった。

築地小劇場の定員は468名、観劇料は当初2円であった。

小山内薫、土方与志に加えて青山杉作も演出陣に加わり、前出の『日本新劇小史』によると、主にチェーホフ、トルストイなどのロシアの作家の作品を中心に、ドイツ、イギリス、アメリカ、スウェーデン、ノルウェーなど、ほとんどが翻訳劇で、日本の作品は23％に過ぎない。

築地小劇場開設前の講演で、小山内薫の「日本の既成作家の創作からは何ら演出意欲を唆《そその》かされないから、当分翻訳劇を上演する」との発言に火がついて、「演劇新潮」同人の菊池寛、山本有三、岸田國士らが猛反発、激しい論争を巻き起こす事件もあった。そのこともあってか、のちには坪内逍遥、武者小路実篤、上田文子（円地文子）らの創作劇も上演するようになった。

この時代、「興行場および興行取締規則」によって、脚本は検閲を受け、当局の認可を得なければ上演できないことになっていて、この検閲は時代が進むにつれてますます厳しくなって、1940年2月には「警視庁興行取締規則」が発令されるに至った。

1928（昭和3）年12月、小山内薫が前年の5週間に及ぶモスクワ旅行の疲れもあってか、その年最後の公演の最終日、作者の上田文子(円地文子)のお礼を兼ねた慰労の会に招かれた席で倒れ、不帰の人となった。

薫の死をきっかけに、築地小劇場は、以前からくすぶっていた内部分裂が始まった。脱退した土方与志らの「新築地劇団」は日本プロレタリア演劇同盟に加入し、築地小劇場を拠点にプロレタリア演劇運動を展開していく。

一方、残留組はいったん解散し、「劇団新東京」を、その後「築地座」を結成。「新築地劇団」も分裂後「新協劇団」となる。このように東京の劇団は分裂と新しい劇団結成とを繰り返していく。
１９４０（昭和15）年、「新築地劇団」と「新協劇団」の土方与志ら劇団員が治安維持法によって大量に検挙され、両劇団は強制的に解散させられた。築地小劇場は名称も「国民新劇場」と改称し、文学座が主に使用するようになった。そして小山内や土方が心血を注いで守ってきた築地小劇場の建物は、１９４５（昭和20）年3月10日の東京大空襲で焼失。20年9か月の命であった。

現在の築地小劇場の跡地には、みずほ銀行築地支店のビルが建っていて、
「築地小劇場跡　一九二四——一九四五　碑文・里見弴《とん》筆
大正末から昭和にかけ、新劇の本拠として大いにその発展に寄与した。戦災で焼失」
と銅板にレリーフされている。この碑は消失から33年後に日本演劇協会によって揚げられた。

「文学座」のほかにも「苦楽座」「芸文座」「文化座」などの劇団が結成されたが、戦時体制下での活動は容易ではなく、これらの劇団は間もなく解散に追い込まれていった。

「これらの劇団の活動には、何とかして〝よいしばい〟をやっていこうとした意志がうかがえる。

商業劇場ではもっと安直に、〝国策協力劇〟や〝戦争謳歌劇〟が上演されていた」(茨城憲著『日本新劇小史』未来社より)。

それは演劇に限らず、文学、絵画、音楽……どの芸術部門にも同様の戦時体制の強化、統制がなされていた時代であった。

しかし前出の『日本新劇小史』はいう。

「新劇はそこまでいかず、その手前のところで」踏ん張っていたのだ、と。

「プロレタリア演劇の敗退以来、戦争に対しての積極的抵抗の姿勢はどこにも見られなかったけれど、戦争への積極的協力を大声でうたい上げるようなことはなかったと言ってよいであろう」

彼らの新劇人としての矜持であり、時代への精いっぱいの抵抗であったのだろう。

コラム

「おけいさんと呼んでいいか?!」

菊川　徳之助
演出家・元近畿大学舞台芸術教授

1963年だから、今から54年も前か。「関西芸術座」の附属演劇研究所へ入った私は研究生。そこにすでに女優の〈河東けい〉さんがいた。大先輩であり、大女優である。

大学を卒業したばかりの私は、「関西芸術座」の俳優さんにくっ付いて勉学したいと思う真面目な(?)青年で、女優さんの家にも寄せてもらった。ある時その場所に河東さんがいた。何を喋っていいかわからない、いやもう今や何を喋ったか記憶はない。

河東さんの舞台は『奇蹟の人』のサリバン先生が有名だが、私は1991年に上演された『月の海』のヘレン・ランカスター夫人役が、爽やかで瑞々しく、美しく晴れやかな輝きを見せた舞台として印象深く残っている。演劇雑誌にもこの〈好演〉が報じられていた。その大女優と近年は親しくしていただいているのだから、この上ない幸せである。

もう10年前になるが、「大阪女優の会」で『ハテルマ・ハテルマ』(栗原省作)の演出を担当したときが、稽古場での女優河東けいとの初の出会いであった。そして2年前、劇団大阪プロデュース公演の『老貴婦人の訪問』（デュレンマット作）を急遽、演出を補佐することになったとき、主人公の貴婦人が〈おけい〉さんの役であった。

そう、河東さんのことをいつから〈おけい〉さんと私も呼ぶようになったのか、あの大女優を、である。そして今もまた、現役女優での舞台が続いて上演されている。嬉しいことだ。近いうちに、舞台で、稽古場で、お会いしたいものと、心密かに思っているのであるが。

菊川徳之助プロフィール

「新派喜劇」と名乗る大衆演劇の座長であった祖父の影響で子どもの頃から演劇に親しむ。関西芸術座の研究所で訓練を受け「関西青年劇場」を創立したが5年で解散。その後、現場を退き、「京都新聞」や雑誌「新劇」に劇評を書き、評論家へ。創造現場が恋しくなり、「京都演劇教室」の企画メンバーとなり、演技実習指導にあたる。講座生と「創造集団アノニム」創設と共に、近畿大学の舞台芸術専攻の教員となるが、8年前に退職。現在も、演技演出、評論、研究の三足の草鞋を履いて走っている。

コラム

河東けいさんのこと

渡辺　羊子
墨象作家

河東けいさんは、私が生きていくうえで常に目標としている存在です。永年意欲的に表現活動を続けている人。すっきりと背筋を伸ばして、舞台に立ち続けている河東さんの姿を目の前にして、私もまだまだがんばれると意欲をかきたてられるのです。

ほぼ40年以前、労働組合を通して新劇を観る活動が盛んだった時代がありました。当時、私はある企業で働いていて、会社の労働組合を通して「関西芸術座」と関わり合いができ、そして河東けいさんとも親しく交流するようになったのです。

その労働組合の青年部が文化活動の一つとして、河東さんを囲んでの座談会を企画したところ、総務課長から呼びつけられて、まかりならぬときついお叱りを受けました。三井三池労働争議（1959－1960）があって間もない頃で、新劇は「アカ」という会社の過剰反応だったのでしょう。

河東さんの舞台をたくさん観てきましたが、何といっても『奇蹟の人』のサリバン先生が強く印象に残っています。河東さんが演出されたガルシア・ロルカの『ベルナルダ・アルバの家』も記憶に残っています。

近年手がけられている『母』。ひとり芝居の『母』は初演から観ていますし、ひとり語りの『母』も数回観ています。河東けいと小林セキとが一体となって、観る者の心に強く迫ってきます。今後どんな舞台が観られるのか、楽しみです。

私にとって貴重な人生の先輩であり、分け隔てのない親しい友人です。

渡辺羊子プロフィール

１９３４年広島県生まれ。

１９６９年榊莫山に師事。

１９７９年ファインアートで初個展。

１９８１年ギャラリー井上で個展。

１９９４、２００２、２００４、２００６年ワコール銀座で個展。

１９９７、１９９８、２０００、２００３、２００４、２００７年グストハウスで個展。

１９８２年ギャラリー白で個展。以後２０１７年まで毎年同ギャラリーで個展。

コラム

河東けいへのラブレター

瀑《ばく》 一人《ひとり》
演出家・戯作者・役者

河東けいの名を耳にしたのは、もう40年以上も前、ぼくがまだ22、23の頃。当時新劇は、若者の批判の的であった。所属していた「上方小劇場」の座長横井新が、関西芸術座の出身でもあり、その縁で岩田直二、河東けいのおふたりには、「上方小劇場」のぼくの舞台も何度か観てもらっているはず。が、よく覚えていない。というより僕にとって、「関芸」は興味の対象ではなかった。

当時、アングラと呼ばれていた唐十郎「赤テント」、佐藤信「黒テント」、鈴木忠志「早稲田小劇場」、つかこうへい事務所ｅｔｃ．とにかく観まくった。

河東けいとは、まったく出会いがなかった。

出会いは一年ほど前、神戸芝居カーニバルの中島さん宅でのこと。

敗戦直後、猥雑《わいざつ》な梅田界隈で官憲の目を盗み、密造酒のドブロクを呷《あお》ったこと、演劇を志した若者が当時どんなにデタラメで、自由奔放な振る舞いをしていたか、そして、どんなに熱く真摯であったか。

とにかくその時の河東けいさんの話は、刺激的で面白かった。齢91歳の演劇に対する、若さ漲《みなぎ》るその熱情にこころ魅かれた。そして昨年11月、ひとり語り『母〜多喜二の母』の舞台を観て、ぼくは恥ずかしくも慟哭してしまった。女優河東けいに惚れた瞬間である。

そのけいさんと『河東けいのマクベス夫人（仮称）』で台本演出を手がけるその日を、ぼくは夢みている。台本を見たけいさんに蹴られる可能性も大いにあるが、そんなことは意に介していない。願わくば、90代の大女優河東けいの内奥に眠るものを引っ張り出して、河東けいその人自身が、女優河東けいに感動する、そんな舞台を創り上げたい、大それたことを僕はいま、密かに熱望している。

その時、ぼくの恋は成就する。

遅過ぎるとひとは言うかもしれないが、そんなことはない。

もう遅い、そう思った時点で、何事も手遅れとなってしまう。

「出会った時、その時こそが、まさに旬である」

瀑　一人プロフィール

演出家・戯作者・役者・プロデューサー、すべてが今なお発展途上。演劇の原点は、青線（非合法の売春地帯）のど真ん中にあったドサ回りの小屋掛け芝居。1973年、当時アングラ劇団と呼ばれていた上方小劇場に参加。1984年『恋をしにゆく』にて『劇社瀑組』旗揚げ。1994年発展的休止。3・11の後、2012年、18年前の仲間たちと、復活公演『桜の森の満開の下』。自慢できる功・賞一切ナシ。

第2章

「もっと羽搏きたい!」

戦後の歴史とともに歩む「女優」河東けい

「奇蹟の人」河野元子と河東けい

1 関西の新劇界では

「綿と汗のにおい」の紡績工場で慰問公演

話を関西へ戻して、「関西芸術座（関芸）」の60年、河東けいの「関芸」での60年を振り返り、併せて関西の演劇界の最近の動向についても探ってみたい。

紫洲江は阪中正夫の期待に背いて「民衆劇場」の一員となり、「河東けい」という芸名を付けた。芸名の「けい」は『女の一生』の布引けいの影響かと推測される。劇団は、各地の紡績工場を回って公演していた。ニチボウ、クラボウ、シキボウなどの「女工さん」と呼ばれる女子従業員たちの福利厚生のために招かれるのである。どちらかといえば「ドサ回り」といわれる劇団で、アカデミックではなかった。阪中正夫は河東けいには、そういうところは似合わないのではないかと思ったのだろう。ある時、阪中は彼女をバーに連れて行って、「民衆劇場」の女優が酒を運んで働いているところを見せ、「これでもやるのか？」と暗に聞いてきた。お嬢さん育ちに無理なのではと気が変わるのを期待したものと思われる。

「芝居を見せてきちんと育てていこうと思ってくださったんやろうな、アカデミックな上品な劇団に入れたかったんやと思うわ。それなのに私が民衆劇場が梅田に近くて行きやすいということもあってチャッチャと決めてしまった。申し訳ないことやった。阪中さんは純朴で律儀な人やったわね」

河東は民衆劇場の文芸部の所属だったが、どんなことをするのか興味津々で勝手に移動公演について回っていたので、役者が足りない時など、舞台に上げられた。最初は声も出なくて、ただ後ろの方で、みんなについて走り回っているだけだった。

そのころの食糧事情で、食事人数を公演先にお願いしなければならなかったが、勝手についてきた河東の一人分が増えて、班長を困らせた。彼女はそんな事情を露ほども知らない、平気でみんなと一緒に食事をしていた。あっけらかんとしたものである。そういえば、筆者は昭和30年ごろまでは田舎の中学校だったからか、修学旅行に行くのも米を1合ずつ持参していたと記憶している。

「変な奴、変わったやつと言われてたらしいけど、好奇心が強すぎて常識がなかったんやね。親にも常識外れとよく言われたけど、世間のことがわからなかった、ほんま、しゃあない人間やねえ。何を見てたんやろね」

「民衆劇場」には三好康夫という名プロデューサーがいた。「三好さんは穏やかな、丁寧な物言いの人」だった。この人が劇団員が生活できるように頑張ってくれていた。

日本の戦後の発展に大きな役割を果たしたのが紡績工場であった。その担い手は若い女性たちだった。やがて労働組合ができ、彼女たちの慰問のために、民衆劇場は招かれるようになった。一幕物の芝居とともに歌や踊りをも見せた。のちに『機械の中の青春』（作・演出／小松甲子郎）という女子労働者の姿を描く物語を河東が主役で演じたこともあった。たくましく生きていく等身大の若者の姿は若い女性たちから共感を得られ、長い期間の上演が続いた。

わかりやすくて、みんなよく知っている、女性が励まされるような芝居が好まれた。90分ほどの慰問公演、演劇など見たことのなかった女の子たち、「綿《わた》と汗のにおいがすごかった」という。

2 「関西芸術座（関芸）」誕生

「民衆劇場」のほかにも、この時期、関西にはいくつかの劇団があって各々で活動をしていた。やがて合同して、東京に対抗できる劇団を作ろうという動きが出てくるようになった。この間の事情は、「関西芸術座」の30周年記念誌『三十年のあゆみ』、50周年記念誌『五十年のあゆみ』に詳しい。（巻末資料①「関西芸術座」誕生まで　参照）

1957（昭和32）年になって、48（昭和23）年創立の「制作座」、50（昭和25）年創立の河東けいが参加していた「民衆劇場」、55（昭和30）年創立の「五月座」という関西の3つの劇団が合同して「関西芸術座」（以後「関芸」）が誕生した。

それぞれの立場から合併に至るまでの事情を追ってみたい。残念ながら詳しく語れる人はほとんど鬼籍に入ってしまっている。「関芸」の『あゆみ』を参考にさせていただくことにしよう。

まず、プロを目指して大同団結をしたのが「劇団芸術劇場」であった。

47（昭和22）年暮れに、前記3劇団のほかに「大阪放送劇団」なども加わり、関西新劇の合同公演として『罪と罰』（岩田直二演出）を上演した。そしてその翌年の48（昭和23）年秋『ロミオとジュリエット』を、小山内薫とともに築地小劇場を創設した土方与志の演出で、轟《とどろき》夕紀子、三島雅夫、原泉らの応援を受け上演し、これが事実上の旗揚げ公演となった。

ロミオに扮したのは。のちに「関芸」の代表を勤め、多くの演出を手掛ける岩田直二である。岩田直二は戦前の「大阪協同劇団」出身で、「大阪放送劇団」に所属し、専門的職業化を図るため、当時、文化の殿堂とされていた中之島の朝日会館と提携し、土方らを招聘しての公演であった。

「当時は戦時中の反動として文化への欲求が強かったためでしょうか、『罪と罰』などは延べ1万2000人の観客を動員して再上演したほどでした。『ロミオ』の方は半月もの公演を成功させたぐらいですから、当初は団員が60人余りもいたでしょうか。しかし皆、若かったせいかちょっとした考え方の違いでどんどんやめていき、いつの間にか借金を抱えて、残ったのがわずか10人ばかりになっていた」（溝田繁「民衆劇場から関芸へ」）

1950（昭和25）年、「劇団芸術劇場」を解散し、戦前からやっていた人たちと再出発をというので誕生したのが「民衆劇場」である。

「民衆劇場」の立場から

発足当時は団員も50～60名はいて、第一回公演は『若き啄木』であった。当時、「民衆劇場」にいた溝田繁は次のように綴っている。

「その後、演劇活動のみで自活するいわゆる専門化を目指すとともに、演劇を運動としての角度からとらえて、まず各地の労働者の皆さんに観てもらう活動を中心に、その手始めとして紡績工場への移動巡回公演を活発にしていく。一方で、「大阪少年劇場」運動を起こして各地で児童劇公演を持ったりして、必死に頑張った数年でした」（溝田繁「民衆劇場から関芸へ」より）

しかし、肝心の地元での観客が入らなかったことや、河東も言うように、いわゆる「ドサ回り劇団」ということでの劇団員に悲壮感というか士気の問題もあり、退団者が続出するようになってしまっていた。

「制作座」では

演出家・道井直次が記している、

『劇団芸術劇場』は戦後大阪に芽生えた若い劇団の大同団結でした。ほとんどが20歳前半の若者でしたが、岩田直二だけがすでに30歳を超えていました。１９４８（昭和23）年、わたしは既成の力を借りるより、自らの若さの力を発揮すべきだと、数名の仲間とともに「制作座」を創立。カッコよさの割にはささやかな出発となりました。小さな勉強会を繰り返しながら、コッペパンをかじり、持ち出し、売り食いの生活が続きました。何度崩壊の危機を潜り抜けたことでしょう。

関西における『築地小劇場』的役割を果たし、アカデミズムとアバンギャルドが同居する実験室

的指向は当時の学生や青年層を大きく魅了したものです」（道井直次「制作座のこと」より）

フランスの古典喜劇の研究、モリエールの『守銭奴』などを上演し、歴史の法則を演劇を通じて学んでいったと道井は記します。「制作座」ではゲーテ、ストリンドベリ、チェーホフ、ドストエフスキー、ポール・グリーン、小山内薫、岸田國士、矢代静一など、古今東西の作家を取り上げていて意欲的であった。

毎年、児童劇公演も欠かさず、『はだかの王様』は大阪における学校公演の基礎を築いたと道井は自負している。しかし、この劇団もご多分にもれず、常に経営難に脅かされていた。

「五月座《ごがつざ》」の場合

「五月座」は「かもめ座」と「大阪小劇場」が1955（昭和30）年5月に一緒になってできた劇団である。5月創立が「五月座」の名前の由来であろうか。

「制作座」や「民衆劇場」と違う点は、俳優としての経歴を積んできた人たちが多かったことと、当時はまだテレビはなかったが、ラジオの出演が多かったことで経済的に支えられていたことなどであった。
「ラジオ出演で経済的に支えられていたとしても職業的な劇団体制を敷けるまでには至っていなかったし、大阪で専門劇団を作っていくべきだとの声もようやく大きくなってきたので、当時大阪で中心的に活動していた三劇団（五月座、制作座、民衆劇場）を一つにしてはということになったのです。これは観客組織である大阪労演からの要望もありました。すでに三劇団で福田善之・ふじたあさや作『富士山麓』を道井（直次）君と私（岩田直二）の共同演出で上演もしていましたし、三劇団のお互いの人的つながりも以前からありました」（岩田直二「五月座の頃」より）

右記のようなそれぞれの事情を抱えた3つの劇団は合同に至り、1957（昭和32）年、「関西芸術座」は誕生した。河東けいは「民衆劇場」から「関西芸術座（関芸）」の創立メンバーの一員となったのである、河東けい32歳の新たなスタートであった。

関西芸術座綱領

関西芸術座は

大衆の生活感情に密着しつつ、

その指向を

歴史の正しい発展にむかって組織する
演劇の創造を行う。

1957（昭和32）年3月10日の毎日新聞夕刊には、見出しに「関西新劇団の合同決まる～狙いは東京劇団への対抗策～」とあり、

「……一時は合同条件の相違から難航し、3劇団が解消して2つの劇団に割れる気配さえ見せていたが、これでようやく一本にまとまり、100名を超える座員を持つ大劇団が出来上がることになった。……関西の新劇団はこれまでいわば小党乱立といってよく、いずれも独立して十分な観客を動員する力に欠けていた。しかも戦後たびたび離合集散をつづけるばかりでまとまりもなかったため、このあたりで大同団結し、東京の新劇団にも対抗しようというのが、今度の合同の狙いになっている……」

同年4月29日の毎日新聞夕刊は「関西3劇団の合同初公演」の見出しで、

「……第1回旗揚げ公演に第二次大戦下ドイツのレジスタンスを描いたマックス・フリッシュ作『そら、また歌っている』二部七景を16日から26日まで大阪朝日会館で上演する。合同によってどんな成果をあげるか、大阪の代表劇団の初の興行として期待される。……」と紹

介している。

この旗揚げ公演について「三十周年記念誌『三十年のあゆみ』」の中で、大阪新劇団協議会代表の大岡欽治は、「大阪労演で、関芸の創立記念公演『そら、また歌っている』を朝日会館で1２６００人の会員が観劇した」と記す。大岡は１９２６（大正15）年の東京の築地小劇場の大阪公演に参加した経験を持つ演出家である。

3 河東の見た2人の演出家の存在

ここに一冊の書籍がある。２００７（平成19）年5月に出版された、日本演出家協会編『戦後新劇～演出家の仕事②（れんが書房新書）である。４００ページ近い戦後新劇を演出の仕事という視点で記したもので、巻頭対談は劇作家で演出家の福田善之と劇作家・評論家の菅《かん》孝行による「戦後新劇『連続と非連続』」

次に戦後演出家1の中に「〝新劇不毛〟といわれた上方、大阪の60年——関西の新劇を支え推進した人々の軌跡」という一文がある。執筆者は河東けいである。

この『戦後新劇』は2007年に発行されている。河東けいが綴ったこの文章は、「関芸」創立からちょうど50年。岩田直二・道井直次という二人のすぐれた演出家の功績をたどるとともに、「関西芸術座」の、また関西の新劇のたどってきた半世紀の足跡の記録でもある。（全文は巻末資料②を参照）

河東がこれを記したのは10年前、80歳を過ぎてからの記憶力に驚嘆である。

なお、道井直次は2002（平成14）年に、岩田直二は2006（平成18）年に没している。

道井直次

岩田直二

4 「自前」にこだわって、藤本義一ら地元作家とともに

「関芸」が大切にしてきたことは、何よりも「自前の作品」にこだわったことであった。地元の作家とのつながりを大切にし、深めてきた。藤本義一、田辺聖子、黒岩重吾たちである。

創立当初は、まだ学生作家だった藤本義一の『虫』『つばくろの歌』、その後も『鎖のひとつの環』『トタンの穴は星のよう』などを上演している。

田辺聖子の『姥ざかり』『姥ときめき』『中年ちゃらんぽらん』、黒岩重吾『西成山王ホテル』……これら〝芸術的であり大衆的な大阪芝居〟を定着させていった。

また、働く人たちの生活に密着した作品を多く取り上げ、それらはしばしば労演の例会で取り上げられている。さらに地域の歴史にもこだわった。河東が〝関芸の財産〟と位置付けている『大阪城の虎』はその代表作品であろう。それから〝自前の発掘〟による海外の戯曲も本邦初演として多く取り上げてきている。

特筆すべきことの一つに、劇団員の中から、創作・脚色・演出を手掛けるメンバーが多く出てきたということがある。座付き作家（劇団専属の作家）の柴崎卓三、演出家の道井直次、岩田直二、亀井賢二、新屋英子、池田耕太郎、門田裕……河東けいもそんな一人で、いくつかの作品の演出を手掛けるようになった。

もう一つ忘れてならないのは、子どもたちを対象にした「児童演劇」に力を注いできたこと。各地の「おやこ劇場」で、『竜の子太郎』『牛鬼退治』などの創作民話、野坂昭如の『戦争童話集』、子どもを取り巻く環境を題材にした『おかあさん、だいっきらい』『おとうさんのつうしんぼ』などを上演してきた。

このような関芸のあゆみの中では、イデオロギーや芸術性の違いで分裂の危機にも幾度か見舞われたが、俳優たちを中心にした団員たちの想いが一つになって乗り切ってきたという。

5　各界からの声

演技者の実人生が反映されていて、老いを迎えた人生の馥郁《ふくいく》たるたたずまいを堪能

50周年に寄せて『五十年のあゆみ』に各界からのメッセージが掲載されている。一部を紹介してみたい。２０１２（平成24）年79歳で没した直木賞作家の藤本義一の一文も載っている。

彼らのメッセージからは関芸のこれまでの活動への想い、関芸への期待・課題も見えてくる。（所属・役職などは２００７（平成19）年当時のものです。メディアの人たちは頭文字表記にしています。）

❏ 関西芸術座が五十周年を迎えた。ということは、私の執筆活動も五十年というわけである。

……私の（関西）芸術座との関係は、学生時代に書いた『虫』と『トタンの穴は星のよう』を提供

した後、映画シナリオの修行に入り、ラジオとテレビの脚本を一週間に最低二本は書き、テレビの司会者になったあと小説に転じた。

新劇とは遠くなったが、岩田直二氏、道井直次氏と一年に一回の割で会い、サラクルーの『怒りの夜』とか松谷みよ子さん作の『竜の子太郎』の再演を促したこともあった。今やその機会もなくなり残念である。関芸でしか演じられない過去の上演作品をもう一度掘り起こしてほしいと思う。そして強烈な主題の大阪発舞台の発信を願うばかりだ。五十年は単に歳月の流れではない。

（藤本義一　作家）

❏関西芸術座さんは、芸域が広いので、オトナ向きのお芝居も多くてたのしい。『姥ざかり』のときは、舞台に「堪能する」という思いを味わった。芸の深み、というだけではない、それぞれの演技者自身の実人生が、よきみのりをもたらして、〈人生の老い〉が美しく表現されていた。老いを迎

『姥ざかり』1993 年～ 96 年

えた人生の、馥郁たるたたずまい、といおうか。若い観客の方々も堪能して楽しんでいられるのが感じられた。
（田辺聖子　作家）

❏私の演劇人生には、「わが師」ともよぶべき二人のナオジ先生がいる。関芸の生みの親である、岩田直二さんと道井直次さんだ。その二人のナオジ先生が相次いで旅立たれた。……「続けることは才能だ」。若いころ、岩田さんから何度も聞いた言葉だ。
（板坂晋治　舞台美術家）

❏……新劇や小劇場演劇の垣根なんて消え去ってしまった感が強い昨今。……関芸さんには若手の劇作家たちと積極的に手を組んでいただき、新しい風を巻き起こしていただきたい。関芸さんの強みは何といっても劇作家の創作意欲をそそる俳優陣の幅の広さ。きっと若い劇作家の劇世界を広げるきっかけになるはず。期待しています。
（M・S　朝日新聞大阪本社生活文化グループ）

❏……「伝統」には「守る」という言葉が付いてくるが、それは新しい演劇に挑むという「攻める」姿勢を守るということであって欲しい。幸いにも関西芸術座は、役者の世代が八十代から二十代まで幅広く……。

最近の関西、特に大阪はひところに比べて元気がない、「関西」を冠する劇団として、地元の良さを発掘、表現して、地元の人々に元気を与えるような仕事も期待している。

（T・M　日本経済新聞社大阪本社編集局社会部文化グループ記者）

❏……猥雑と騒然のそんな大阪に関西芸術座が生まれた。およそ芸術と程遠かったこの大都市の片隅に〈芸術〉の旗をなびかす創立座員たちの笑顔と献身があった。みんな貧しかったが、太陽に向かって歩く明るい青春だった。

関西芸術座よ、五十年の舞台芸術をありがとう。今大阪の文化はいいところがない。ないから劇団の、わけても若い血を騒がせてほしい。人々が生きる希望を失わないために演劇はあるのだと思えば、座員であることは何と働き甲斐に満ちていることか。

（木津川計　元『上方芸能』発行人・立命館大学名誉教授。当時は和歌山大学客員教授）

人々が生きる希望を失わないために演劇はあるのだ――長く関西の文化を見守り育ててきた、そして80歳を超えた今も「一人語り」で関西文化を担っている木津川計ならではの励ましの言葉である。１９６８(昭和43)年に木津川によって創刊された雑誌『上方芸能』は関西の文化の結晶体として、広く深く関西の文化を論じ続けてきたが、２０１６（平成28）年惜しまれつつ２００号で幕を閉じた。

木津川計の次のステージである「木津川計の一人語り劇場」は２００７（平成19）年から新国劇や新派の名作、映画などを木津川独自の解釈と批評を加え、次々と新作を披露し、各地で口演、ファンも多い。

6　人としていかに生きるかをテーマに

各界から寄せられたたくさんのメッセージの中でも、特筆すべきは河東けいの演技に触れたものが多いことだ。

❑……関西芸術座公演で印象深いのはヘレン・ケラー物語の「奇蹟の人」で河東けいさんが演出をされた時のこと。私が演劇担当になって間もないころで、取材であった河東けいさんが目を輝かせて、「人が人としていかに生きるかをテーマに演劇活動をしている関西芸術座にぴったりの作品」と話された。その迫力もあったが、信念をもって演劇に携わる人のパワーに感化され、私も頑張らねばいけないと感じさせられました。上演は近鉄小劇場で、満員の観客と熱烈な拍手を受けていたのを覚えています。

（M・M　読売新聞・文化部）

❏1963年頃、関芸の「ひとりっ子」という芝居を見ました。私の高校へ巡演して来たのです。他校では上演できなかったケースもあったようです。防衛大学進学を扱った劇だったからです。確か、一人っ子が防大進学を決断するまでの悩み、波紋などを描いていました。そのような政治・社会性の強い劇を高校で上演することについて賛否があったわけです。戦後18年目、戦争の記憶がまだ生々しかった頃です。母親役の河東けいさんの演技は、断片的ですが、今も覚えています。私の関芸との初対面でした。

（M・M　毎日新聞・学芸部）

❏関西芸術座の新しい本拠地がオープンし、こけら落とし公演は確か、アリストパネスのギリシャ喜劇『女の平和』だったと記憶している。新築と言っても稽古場も兼ねたスタジオはそんなに広くはない。しかも記念の公演とあって超満員。押し合いへし合いの観劇であった。

『女の平和』は男たちの戦争をやめさせるためセックスストライキを決行する女たちの物語。客席の真ん中を縦横に走る〝花道〟を河東けいの演出で、和泉敬子らが走り抜けていった。存在感のある女の肉体がすぐ横にあり、古代ギリシャの人間ドラマが圧倒的なリアリティーを持って迫ってきたのだ。

（K・N　産経新聞・文化部）

❑初めてドイツの劇作品を翻訳したのはドイツ留学から帰った1982年だが、その時上演していただいたのが、関西芸術座だった。ハラルト・ミュラーの二人芝居『聖夜』で、田辺聖子さんの『姥ざかり』とジョイントだった。河東けいさんと溝田繁さんが素敵な芝居を作ってくれた。田辺さんの方は新屋英子さんが脚色、故道井氏が演出、藤山さんや故国田さんが出演しており、関芸はすごいところだといつも感心していた。

（市川明　大阪外国語大学教授・ドイツ演劇）

❑……文化不毛の地と言われてきた大阪の地で粘り強く頑張ってこられたことに敬意を表します。初期の大ヒット作品、『はたらき蜂』は初の全国公演となり、続いての『湿地帯』も労演の公演として全国を巡りました。『はたらき蜂』以前に東川宗彦氏は、『牛』を書いていますが、師匠の阪中正夫さんの名作『馬』のむこうをはって『牛』をとは麗しい師弟愛と言えましょうか。……私から唯一の注文は、スター女優の育成です。これまで河東けいさん一人だけとは、いかにも淋しい。娯楽——楽しいことには「女」性がつきものなのですから。

（土居原作郎　大阪芸術大学客員教授）

演劇とは消えるもの、それだから素晴らしい

❏……劇団が五〇年ももつなんてただならぬことです。その間に二回も劇団をつぶした私は、しみじみとそう思います。

五〇年の間に関西芸術座では私の作品を三本半上演してくれました。半というのはおかしな話ですが、関西芸術座創立以前に、のちの創立メンバーのほとんどが関わって合同公演をもったカンパニー名は〈青年演劇人クラブ〉のときに、私と福田善之合作の『富士山麓』を上演してくれたのです。その上演が関西芸術座の創立のきっかけの一つだったと、後で聞きました。合作だったから「半」ともいえますし、劇団創立以前だったから「半」ともいえます。演出は岩田直二さんと道井直次さんの共同演出、演出助手が河東けいさんでした。

そのお三人とはその後、関西芸術座で一本ずつお仕事を共にしました。

岩田直二さんとは、中央公論事件を描いた『日本の言論1961』。これは舞台稽古の日に三島由紀夫が自決したので忘れられません。

河東けいさんとは原発事故を描いた近未来劇『臨界幻想』。

道井直次さんとは、田辺聖子さん原作の昭和回顧ドラマ『おかあさん疲れたよ』。

いずれも社会性メッセージの強い作品ばかりで、私にとっても関西芸術座はこういう作品を共同作業する道づれとして、かけがえのない存在です。

ナオジさんは二人とも逝ってしまわれて、（おけいさんだけは元気で、ときどき私の『母』をやってくれてますが）演劇というのは消えるものだな、それだから素晴らしいのだし、それだから切ないのだなと、瞼に残った舞台をとつおいつ思い起こしているところです。

（ふじたあさや　劇作家・演出家）

まこと演劇だけはその時、その場で見なければ二度と同じものに触れることはできない。書物は当然として、絵画、音楽、映画、ほとんどの作品はもう一度見たり聞いたりできるだろうが、演劇だけはそうはいかない。河東けいの『奇蹟の人』しかりである。ふじたあさやが言っているように、だからこそ素晴らしいし、それだから切ないのだ。しっかり瞼に焼き付けておこう。そうすれば永遠にもなる。

「関芸」創立のきっかけの一つとなった『富士山麓』の公演時、福田善之と藤田朝也（現ふじたあさや）は、まだ東大と早稲田の学生だった。

二人ともやせていて、学生服を着ていた。公演後、藤田朝也が盲腸炎になり大阪で手術を受けた。

退院後しばらく河東の家の四畳半の部屋に泊まって静養していたことがあった。一人語り『母』の脚本・演出のふじたあさやとは、それ以来の付き合いである。福田善之もしばらく大阪に滞在していたようだ。

「福田善之はもともと木下順二に師事し、演出家岡倉士郎と出会うことで演劇活動を始めたが、東大教授河合栄治郎をモデルにした『長い墓標の列』が、早大劇研で上演されるや一躍、若い世代のスターになり、六〇年、観世栄夫《かんぜひでお》らの「青年芸術劇場」の創立に参加し、小劇場運動の先駆的役割を果たすようになった」（日本演出者協会＋西堂行人編『演出家の仕事　六〇年代・アングラ・演劇革命』れんが書房新社より）

福田の『長い墓標の列』は「関芸」でも1958年と1980年に、道井直次の演出で上演されている。

7　「雀百まで」もっと羽搏きたい！

この『五十年のあゆみ』の中に各界からのメッセージだけでなく、「それぞれの創立50周年……

時代を紡いだ私たち〜創立メンバーの声」も掲載されている。河東けいの寄稿文は、

❏……「五十年――ガンさん（故岩田直二）〝一世紀百年というけれど、生きてみたら短いもんや〟とよく笑われたが、確かに鮮やかな走馬灯のように、この五十年間は蘇ってくる。

思えば生まれたときから治安維持法下の軍国主義国家に育てられた私は、敗戦で価値観大逆転の民主国家に放り出されて呆然、今までと正反対のことを平然としゃべる教師や大人に極度の人間不信となった。そのころ観たのがシェークスピアの〈真夏の夜の夢〉、芸術ジャンルのすべてが競いあう舞台は人間賛歌そのものだった。その衝撃にまた呆然、それから数年してやっと、演劇の門に辿り着いた。

そこには貧しいながらも大きな夢があり、本音で語り合える人々の温もりと絆があった。そして弾けるような熱い仲間と出会った。やがて関芸となり、仲間とともに喜怒哀楽を繰り返している長い間には、何度も行き詰まったり挫けたりしたのだが、それでもここまで続けてこられたのは仲間のおかげである。

演劇は人と人との出会いだ。俳優、演出はじめスタッフたち、お客さん、子どもたち、そして何よりも興味深いのは、見知らぬ戯曲の世界にいる人々である。どの人も宝であったが、中でもW・ギブソンの〈奇蹟の人〉の教師アニー・サリバン、三浦綾子原作・ふじたあさや脚色〈母〉の小林セキのお二

人は、私に生きる意味と方向を教えてくださったように思うのだ。貧困のどん底からひたすら生き抜いた、その深い愛に出会えた私は幸せであった。

だがまだまだ会いたい人はいる。シェークスピアのマクベス夫人、ブレヒトの肝っ玉おっ母あ…etc. etc. そして演出も、まだまだやりたい素晴らしい戯曲は山とある。羽搏《はばた》きたい〝雀百まで〟仲間と一緒にと思う。

だが…それもこれも平和なればこそ。関芸創立の理念をもう一度胸に、核や戦争の惨禍を再び繰り返すなと、また叫ばねばならない日々が、私たちの五十年目になってしまった。


「まだまだやりたい芝居も演出も山ほどある」「羽搏きたい」と80歳を超えてなおも意欲は十分。決して現状に満足しない河東けいがそこにいる。

そして、10年前の2007年当時の河東の核への心配や平和への願いはどうであろうか。この間、2011年3月11日に起こった福島原発事故の収束のめども立たないまま、原発の再稼働が始まってしまった。右傾化する政治、平和憲法改憲の動きと、河東が紡いだメッセージから10年、さらに日本は「いつか来た道」へと向かっている気配が濃くなっている。「関芸」創立60周年に当たる今、当時より何倍も危惧する状況になっているのは、河東けいにとっても残念としか言いようがない。

8 河東けいの活躍と新劇界の動き

役者として、演出者として

「関芸」創立後の河東の出演作を振り返って追ってみよう。

創立の年1957(昭和32)年には、子ども劇場1で『少女と野獣』でおかみさん役を、『鋏』の松子を演じ『守銭奴』で演出助手を担当した。

58年にはイプセンの『野鴨』が、第3回大阪日日新聞新劇賞最優秀公演賞、58年度大阪府民劇場奨励賞を受賞し、この作品のギーナ役で河東けいは女優演技賞を受賞した。芝居を始めて6年、33歳だった。

7月には、尊敬し、大好きだった恩師の劇作家・阪中正夫が死去。悲しい年になった。

関芸ではくるみ座との合同で、10月4日に朝日会館で「阪中正夫追悼公演『馬』」を道井直次の演出で上演している。

59年の『アンチゴーヌ』は舞台装置を神戸の画家の鴨居玲が手掛けた。鴨居玲はのちに安井賞を受賞したすぐれた画家であり、「道化師」「自画像」など社会や人間の「闇」を描いた独特の画風で知られる。鴨井玲がどんな舞台装置で、作品の世界を作り出したのだろうかと想像するだけでも興味津々である。同じく衣装を担当したのが、姉で下着デザイナーの鴨居羊子であった。河東はこの作品でイスメーヌ役を演じた。さらに『北京の車夫』でカオマーの役を演じている。

1960年は世情激動の年であった。新安保条約が強行採決され、「安保反対」の学生運動が盛り上がり、多くの市民が学生を支援した。6月、国会を包囲したデモ隊の東大生・樺美智子が死亡。演劇、映画、文学、宗教、建築、写真、教育、ジャーナリズム、舞踊、音楽、芸術等の文化人らが、また千田是也、山本安英ら多くの新劇人もデモに参加した。河東と同世代の詩人・茨木のり子も市民団体「声なき声」の人たちとともにデモに参加している。

文学座、俳優座、民芸、ぶどうの会、東京芸術座の5団体で「訪中新劇団」が結成され、団長は村山知義、副団長が千田是也で、滝沢修、山本安英、杉村春子らが訪中している。

河東けいは『ある尼僧への鎮魂歌』で主役のテンプル・スティーブンス役を演じた。

8月には「関西新劇人の会」が発足し、反戦、平和を願い年1回の「劇団大阪」での合同公演が決定した。演劇を通じて平和を訴えていこうという新劇人たちの気概が示された。

10月、浅沼稲次郎社会党委員長が右翼少年に刺殺された。

61年、子ども劇場6『チボリーノの冒険』でアメリカニンジン先生、水曜劇場3『礼服』で敬子を演じた。『礼服』が61年度大阪市民文化祭芸術賞受賞。この年の12月に「関西劇作家集団」が誕生した。

62年、水曜劇場『息子たち』でイリーナ役、子ども劇場8『森は生きている』で老婆役を演じる。

63年1月、文学座の芥川比呂志、岸田今日子ら29人が脱退、12月、三島由紀夫ら14人脱退。福田恆存《つねあり》が劇団「雲」を設立した。

この年、河東が長沼とみを演じた『ひとりっ子』が63年度大阪府民劇場奨励賞を受賞した。『ひとりっ子』は次男の防衛大学入学を一家の栄誉として祝う父親や親戚に向かって、戦死した長男の轍《てっ》を踏ませまいと必死に反対する母親（河東）の話であるが、テレビでは何者かの妨害でお蔵入りとなった問題の作品であった。この作品で1年以上全国を巡演した。

東京オリンピックの年である64年、『北京の茶館』で河東は衣装を担当している。また「関西新劇人の会」で劇団参加の合同公演『女の勤行』で児島慎子を演じた。

65年～70年の日本、世界を振り返ると、米軍による北爆が開始され、ベトナム戦争はますます激化、日本では、3Ｃ（カラーテレビ、カー、クーラー）が「新3種の神器」と言われた時代。「四日市ぜんそく」など大気汚染による公害問題が深刻になってきている。

68年、東京では全学連によって東大安田講堂が占拠された。未解決事件の「3億円事件」が起きた。米国ではベトナム戦争反対デモが各地で湧き起こってきていた。68年4月、黒人運動の指導者キング牧師が暗殺され、フランスでは5月革命、ソ連がチェコに侵入した事件もあり、まさに激動の連続であった。

65年~70年の河東は『タービン工場』『デルタの夜明け』『書けない黒板』『竜の子太郎』『政商伝』『おりん口伝』『花咲くチェリー』などに出演。

70年、大阪万博で大阪が活況を呈した年、河東は『アンネの日記』でアンネの母親エディス・フランクを演じ、この作品は71年8月まで、関西はじめ西日本各地での上演が続いた。

在版各劇団参加の合同公演『演劇行動』では河東は詩を朗読している。

72年、浅間山荘事件、ニクソンの訪中、沖縄が本土に復帰、日中国交が樹立し、記念にパンダが上野動物園にやってきた。河東けいがこの道に入って20年、47歳になった年、エウリピデス原作、サルトル作、芥川比呂志訳『トロイアの女たち』を演出した。河東けいの初の本格的な演出作品である。

8月の関西新劇合同公演は『マクベス』であった。

75年、ベトナム戦争がようやく終結。河東は『河』で峠三吉の妻春子を演じた。

76年、演出家・道井直次が文化功労で第11回大阪市民表彰を受賞した。

9　創立20周年記念公演『奇蹟の人』

サリバン先生との出会い

そして77年、巨人軍の王選手が756本のホームランで世界記録を達成した年。関芸の創立20周年記念公演は、こども劇場『たちあがれ、ピノッキオくん!』、溝田繁主演の『初代桂春団治』、78年の『自殺ごっこ』、そして『奇蹟の人』であった。主役のアニー・サリバン役は河東けい。河東の熱演が好評を博し、6月郵便貯金ホール、79年6月には森之宮青少年ホールでのチャリティー公演を成功させている。

『奇蹟の人』は79年7月まで全国各都市・中学・高校を巡演。さらに85年~87年7月の2年余り、全国各都市・中学・高校、子ども・おやこ劇場を巡演している。86年2月には郵便貯金ホールでのチャリティー公演も行った。

650回近いサリバン先生役を演じたことで、女優・河東けいは演劇界に確かな存在感を示した。

関西新劇界になくてはならない存在となったといえよう。このサリバン先生役との出会いこそ、河東けいの演劇人生にとって大きなエポックであり、幸せな出会いであった。（第3章132頁）

77年8月には関芸創立20周年記念パーティーがレストラン・パレスにおいて晴れやかに開催されている。

翌年には阿倍野区の文の里に関芸の新しい稽古場が完成した。

そして記念誌『二十年のあゆみ』を発行した。この記念誌の巻頭に詩人・小野十三郎《とうざぶろう》が「あの冬の夜から」という詩を寄せている。

あれは冬の凍る夜だったな
ハガキの略図をたどって
文の里の
あなたたちの稽古場を
はじめて訪ねていきました。
研究所の生徒さんの若い人たちに

お話をするために。
あれから二十年たちます。
ブレヒトの詩を読んでいたら
隣の部屋で
迫った公演の日を前に居残った人たちが
床踏んで踊りなんかのお稽古をしていました。
それから今日まで
私たち、長いお付き合いでした。
芝居もたくさん見せていただきましたが
なぜか、いま
あの時のことをおもいだします。
集会室には
だるまストーブ一つ置かれていたとおもいますが
あるいはそれもなかったですか。
小さい幼稚園の庭あとにあった

建物もいたみにいたんだあの場所。
まもなくそこに
新しいりっぱな稽古場が建つんですね。
また、お招きを受けて
こんどは地図なしでそこに行って
若い人たちとお話をしたり
ブレヒトの詩を読み
金芝河の詩も私は読みたい。
わが家から歩いて
十分かからないんです。

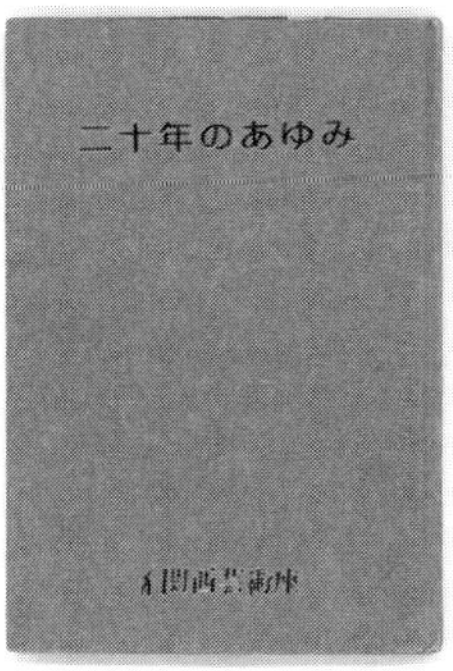

記念誌『二十年のあゆみ』

小野は当時、「関芸」の顧問的な存在で、支援者の一人であったという。小野十三郎は司馬遼太郎、梅棹忠夫、宮本又次らと1972年に黒田了一知事によって設置された「大阪文化振興研究会」の有識者メンバーの一人でもあった。

河東は俳優としてだけでなく、72（昭和47）年の『トロイアの女たち』に続いて、79（昭和54）年『ベルナルダ・アルバの家』、81（昭和56）年『赤蟻』（この作者は中村メイ子の父の中村正常である）を演出。82（昭和57）年にはおそらく原発問題を扱った演劇としては最初と思われるふじたあさや作『臨界幻想』を演出し、大阪府芸術劇場で公演している。大阪府が共催し、大阪府文化振興協議会推奨作品だった。当時は行政の意識も高く、こういう作品への理解もあったのだ。大阪文化祭参加大阪新劇フェスティバル10周年記念公演『聖夜』では演出と母親役をこなした。さらに90（平成2）年に『ムッシュー・フユーグ〜夜の霧に吼《ほ》える子ら』、95（平成7）年ギリシャ喜劇『女の平和』、そして『奇蹟の人』（95年、96年1月〜98年4月全国巡演）などの作品の演出を手掛けている。

『ムッシュー・フユーグ〜夜の霧に吼える子ら』演出、1990年

役者としては、81（昭和56）年、原作が『奇蹟の人』のウィリアム・ギブソンの『河原乞食の一座～かくてシェイクスピア誕生～』で主人公ウィルの妻アン、84年、毎日新聞社・大阪芸術祭協会主催、大阪文化祭で上演した水上勉原作の『地の乳房』で主人公の愛の母しん役、87（昭和62）年、田辺聖子の『中年ちゃらんぽらん』の向井衣子役、『一銭五厘の旗～花森安治の仕事』で大橋啓子役なども演じている。

87年は関芸創立30周年。国鉄が民営化されJRになり、5月、朝日新聞阪神支局襲撃事件が起きた年である。

4月3日「関西芸術座創立30周年記念祝賀会」が開かれ、関西の文化人、新聞・放送・雑誌関係ジャーナリスト、劇団関係者ら300人が集った。原清（朝日放送社長）、黒岩重吾（作家）、藤本義一（作家）、中西武夫（劇作家・演出家）ら発起人によるお祝いの言葉、劇団からは道井直次が挨拶、桂米朝の乾杯の音頭で盛大なパーティーが催された。ちなみにこの会で司会を務めたのが木津川計と大内祥子で

『海暮色～海を愛した女たち』（関西芸術座の三人の女優によるザ・JOYU 一人芝居、1981 年～ 83 年

ひとり芝居『母』（1994年〜2014年）

あった。

そして記念誌『三十年のあゆみ』を発行している。

ここにも多くのメッセージが寄せられている。

関芸友の会会長の宮階延男は続けることの難しさを語り、「演劇はただ世を写すだけでなく、真実を伝えるためにある」という言葉を贈っているのが印象的だ。

89年〜93年12月、田辺聖子作・新屋英子脚色、道井直次演出の『すべってころんで』は大阪市観光課、大阪天満宮などが協力者に名を連ねての公演であった。溝田繁が主役の団野を、河東は義姉の貴子を演じ、4年間全国を巡演した。

そして河東のライフワークとなる、三浦綾子の『母』のひとり芝居が始まる。後々までプロデューサーとして河東けいの伴走者となる神戸芝居カーニバル実行委員会事務局長の中島淳の誘いがきっかけとなった。ここから河東けいの新しいステージが始まる。1994(平成6)年、河東はひとり芝居『母』で大阪府民劇場奨励賞を受賞した。

10 震災を越えて

1995(平成7)年1月17日午前5時46分、マグニチュード7・3の大地震、阪神・淡路大震災が発生した。この震災で約6500人が死亡、家屋の全・半壊数は25万棟、46万人が被災した。ピーク時の避難者は31万人にもなった。神戸市では特に東灘区、灘区、長田区、兵庫区などの被害が大きく、河東の住む神戸市東灘区は戸建て住宅の倒壊による圧死者の数が目立った。

甚大な被害を受けた浜側から、ガス爆発の危険があるとの情報で、着の身着のまま、毛布をかぶって被災した人々がゾロゾロと避難してくる光景は、あの戦争の空襲下、石屋川沿いを歩いて避難する被災者の姿に重なった。家の外に出て、そんな光景に河東は老いた母親と茫然と立ちすくむばかりであった。

画家の津高和一夫妻が西宮の倒壊した自宅で亡くなった。映画監督の大森一樹も芦屋の自宅マンションが被災、芦屋市内の実家は全壊している。

その後、この震災を題材にした小説や映画が多く作られた。村上春樹の『神の子どもたちはみな踊る』には〜地震の後で〜という副題がついている。演劇では、1997（平成9）年に内藤裕敬の「南河内万歳一座」が『夏休み』を上演し、第3回OMS戯曲賞を受賞している。2001（平成13）年大阪自立演劇連絡会議第8回合同公演が堀江ひろゆき、熊本一らの制作で、作・清水巌、「劇団未来」の森本景文の演出で『1995こうべ曼荼羅』を上演した。

神戸出身の脚本家で舞台演出家・岡本貴也の『舞台 阪神淡路大震災』が2005（平成17）年から、自主公演で全国を巡演し8000人を集客したという。

震災から20年後の2015年（平成27）には、もともと2010（平成22）年にNHK大阪放送局制作のドラマだった作品の劇場版として、映画『その街のこども』がシネリーブ神戸などで先行上映され、その後全国公開された。

それぞれ、忘れがたい震災の記憶として後世に伝えている。

2000（平成12）年、75歳の河東は『黄昏』でエセル・セイヤー役を、02（平成14）年には『静かに騒げ』でメイ・アプルを演じた。

11 反戦・平和を訴える女優たち

2003（平成15）年、イラク戦争が始まった。河東は堀江ひろゆきらとともに在阪の各劇団に所属する女優たちに呼びかけ、「大阪女優の会」を立ち上げた。この「女優の会」では毎年8月に、反戦・平和を訴える朗読劇を上演し続けている（第3章136頁参照）。

この年、河東は大阪市文化功労賞（市民表彰）を受賞した。演出家・岩田直二には大阪芸術賞が与えられた。

2004（平成16）年、アテネでオリンピックが開催され、日本では中越地震が、スマトラ沖でも大地震が起きている、79歳の河東は『モーリー・スウイニー』を演出した。

2005（平成17）年、河東は『請願』で新劇フェスティバル女優演技賞を受賞。

2007（平成19）年、関芸は創立50周年を迎えた。記念誌『五十年のあゆみ』を発行している。

80歳を超えた河東の挑戦はまだまだ続く。

82歳の河東は門田裕演出の『ロミオとジュリエット〜RETURN〜』で神宮司小百合役を演じ、さらに山崎正和作『言葉〜アイヒマンを捕えた男〜』の演出に挑戦する。

２００９（平成21）年、『クレア・ハリソンの生命』の判事役、２０１１年（平成23）『たとえば野に咲く花のように』、２０１２（平成24）年『歓喜の歌』、そして「第２回　日韓演劇フェスティバルin大阪」で演じたのは『小町風伝』の老婆役。演出は李《イ》潤澤《ユンテク》、会場は一心寺シアター倶楽《くら》であった（第３章１５３頁参照）。２０１５年『慕情コスモス』。そして２０１５（平成27）年からはひとり語り『母』を演じ続けている。

『言葉〜アイヒマンを捕らえた男』を演出、2008年。門田裕（左）、亀井賢二（右）

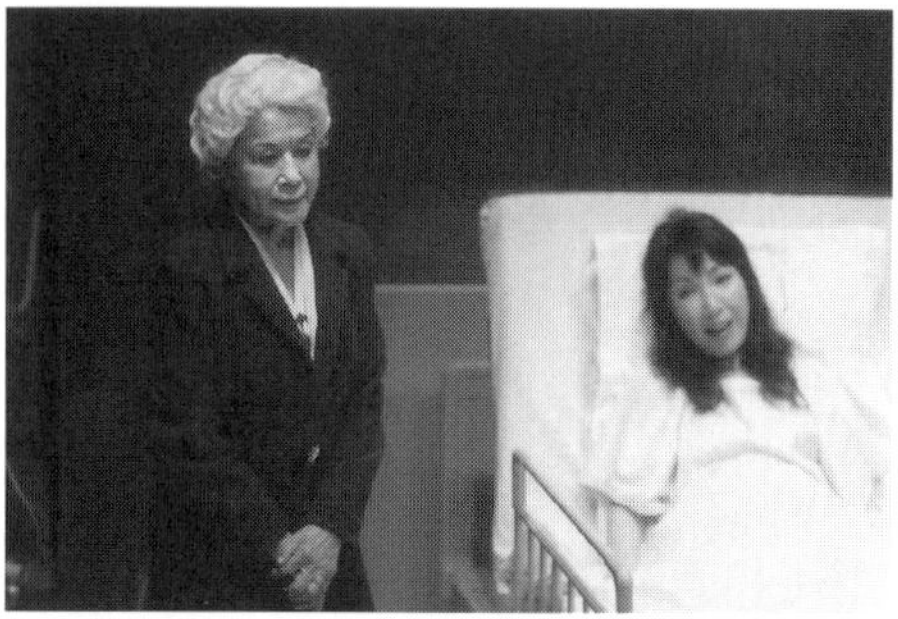

『クレア・ハリソンの生命』で判事ミルハウスを演じる。ブライアン・クラーク／作、亀井賢二／訳・演出

第４回「KOBE ART AWARD」大賞受賞記念

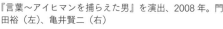

2015年、河東けいのこれまでの活動に対して、「公益社団法人神戸文化支援基金」（代表理事／島田誠）から第4回「KOBE ART AWARD」の大賞が与えられた。

12 新劇からアングラ・小劇場運動への道

新劇は歌舞伎などの伝統演劇に対して「新しい演劇」として、小山内薫によって「歌舞伎を離れよ」「伝統を無視せよ」「踊るな、動け」「歌うな、語れ」という意図のもとに、新しい現代劇として登場した。それは社会的地位のあるエリートによる一種の啓蒙運動でもあった。

時代を経て、新劇における劇作家たち、加藤道夫、福田恆存、木下順二……らが活躍。

戦時下で俳優座を結成した千田是也は写実主義演技の基礎を築き、演出家として新劇界をリードした。千田は早稲田大学独文科聴講生を中退して築地小劇場の第1期研究生となり、その後俳優・演出家として活躍。49年に俳優座養成所、54年に俳優座劇場を開設している。著書『近代俳優術』では近代的な演出術・俳優術を理論化した。

俳優座と千田是也、民芸の宇野重吉、滝沢修、文学座の杉村春子らの活躍によって戦後の新劇は、広く市民に浸透し、戦後の文化をリードし、民主主義のシンボルともなった。

60年代半ばに京都で学生生活を過ごした私は友人に誘われ、労演の例会で民芸の滝沢修や俳優座の山本圭などの芝居を観た。新劇に触れたのはその時が最初だった。それ以後、生の演劇とは遠くなった。就職、結婚、子育て、仕事、夫の転勤での引っ越しの繰り返しの暮らしには芝居を見る余裕もなく、関心も薄れていってしまっていたのだ。ただ奈良にいた頃「おやこ劇場」に少しだけ関わった。再び労演の例会に誘われたのは神戸で、あれから50年近くがたっている。

「労演」とは勤労者演劇協議会の略称で「民主的、民族的な演劇の普及と発展」のために勤労者の組織した新劇鑑賞団体である。1948（平成23）年に発足した東京労演に続いて大阪労演、神戸労演など全国各地で労演が結成された。全盛期の1965（昭和40）年には全国の会員数は10万人にもなったが、演劇の多様性、新劇離れもあって、近年は会員も減り、名称も「市民劇場」「演劇鑑賞会」などに変更するところが増えている。2007（平成19）年には大阪労演は解散している。

近代演劇から現代演劇への過渡期において、前衛芸術と演劇を結合した安部公房の世界観、そして小説家であり、文学座の参与でもあった三島由紀夫の存在も刺激的であった。三島について「彼は新劇の内部にいながら政治思想とは無縁で、安部とは違った意味で新劇の外部にいたのである」

（日本演出家協会＋西堂行人編『演出家の仕事〜60年代・アングラ・演出革命〜』より）と位置付けられている。その三島は１９７０（昭和45）年に割腹自殺という衝撃的な結末を選んで世間を騒がせた。

前出の『演出家の仕事』によると、やがて登場してくる、60年代、70年代の多くの演劇人たちの活動には、今ある社会への変革の想いが強く込められていたという。

アングラ・小劇場運動の先駆的役割を果たしたのが前出の福田善之であった。

60年代後半になると、劇作者が演出をも手掛け、倉庫や野外にテントを張るなどして、新劇の欧米追従や文学性の高い作品を否定する形の創作劇などを上演し、しだいにアングラへのプロセスをたどるようになっていく。

60年代後半から70年代前半にかけては寺山修司の「天井桟敷」、唐十郎の「紅テント」、「黒テント」の佐藤信、「転形劇場」の太田省吾、唐十郎作の『少女仮面』を演出した鈴木忠志らアンダーグラウンド・小劇場運動の担い手たちが演劇革命を目指し活躍する。「現代人劇場」の蜷川幸雄はアングラ・小劇場運動盛んな時期に俳優から転身、演出家としてデビューし、若者層を中心に人気を集めた。蜷川は70年代半ばから商業演劇に活動の場を移し、灰皿投げなど厳しい演出手法や、話題作を発表し藤原竜也などの新しいスターを輩出している。

その現代日本の代表的な演出家の一人であった蜷川幸雄は2016（平成28）年、80歳で没した。

80年代、バブル経済で、各地に劇場が新設され、企業による中劇場もでき、演劇ブームが起こり、演劇は運動より消費へと変革。学生劇団から早稲田の「暫」のつかこうへい、東大の「駒場小劇場」の野田秀樹、早稲田演劇研究会「第三舞台」の鴻上尚史らを、また渡辺えり（えり子を改名）、如月小春ら女性の劇作家、演出家も活躍するようになった。

13 大阪では「オレンジルーム」「扇町ミュージアムスクエア」が拠点に

さて、関西では「維新派」の松本雄吉が、最初「大阪維新派」という名前で、大掛かりな野外装置で見せる独特の世界を作り出していた。もともと舞台美術家でもあった松本の舞台は大阪南港だったり、湖だったり平城宮だったりという壮大な野外劇を繰り広げ話題になった。

堀江ひろゆきによると、大阪新劇団協議会が80年代の小劇場との合同公演を企画し、当時、関西の小劇場を引っ張っていた代表的演出家だった「南河内万歳一座」の内藤裕敬座長に手塚治虫の漫画『陽だまりの記』を内藤の脚色・演出で上演したいと持ち掛け、実現した。その「南河内万歳一座」とともに80年代大阪で活躍していたのが、内藤と同じ大阪芸大出身のいのうえひでのりの「劇団☆新感線」であった。

80年代以降の演劇界の動向については、いのうえの後輩で神戸の松蔭女子学院大学で教鞭をとるなど、関西演劇界を熟知する演劇人である「劇団太陽族」の岩崎正裕代表に、大学での講義の後に六甲で語ってもらうことができた。

岩崎はNPO法人「大阪現代舞台芸術協会」の元理事長で、自身の劇団での劇作・演出に加えて、他劇団の依頼にも応え、作品を提供したり演出をしたりする一方で、伊丹市立演劇ホール・アイホールのディレクターを務めている。2017（平成29）年春からアイホール主催の「伊丹想流《そりゅう》劇塾」という戯曲執筆講座を北村想から引き継いで塾頭にも就任している。

岩崎は1982年、大阪芸術大学の1回生の時に今の劇団の母体となる劇団を作って代表になる。当時は「劇団大阪太陽族」という名前だった。この名は先輩の「劇団☆新感線」のいのうえひでのりによって名付けられた。「石原慎太郎とは何の関係もありません」という。岩崎は20歳ぐらいから劇作をはじめ、以後、自分で書いたものを自分で演出して、劇団の仲間と一緒に作品を作るということをもう30年以上続けていて、1997（平成9）年には、第4回OMS戯曲賞大賞を受賞している。

岩崎が活動を始めた１９８０年代にちょうど小劇場ブームが関西で起こった。東京では60年代からアングラの流れがあって、小劇場運動はすでに認知されていたが、関西では、80年代につかこうへい作品を上演する劇団が圧倒的に増え、ブームに火が付いた。当時、梅田コマ劇場の裏の阪急ファイブのビルの最上階にあった劇場「オレンジルーム」が若者たちの拠点になっていた。演劇祭をやれば1か月で何万人もの人が集まるというちょっと社会現象的に新聞などでも取り上げられた。オレンジルームは中島陸郎という名プロデューサーがいて、後進を育成するという目的で、仕掛け人として活躍していた。

「中島さんはもうご存命じゃないんですが、この方がたくさんの劇団を発掘しましてね、関西での小劇場ブームの火付け役になったのです。そういう流れと並行して　関西の新劇の流れもあったはずなんですが、80年代、90年代、関西の小劇場の諸先輩方と新劇の皆さんとは、なかなか交わりがなかったのです。東京でもアングラと新劇はあまり仲良くなかったですが。そんな中でも、中島さんは河東けいさんのことをとても尊敬しておられたのですよ」

新劇は学校公演などでかなり潤っていた時代があったが、次第に教育予算のなかにそういうものがなくなったということや少子化もあり、関西の新劇の経営を圧迫する流れになってしまっているようだ。さらに教職員組合の弱体化で、今は新劇の「演劇を通して子どもたちに戦後の民主主義を根付かせる」という学校演劇の位置づけが弱くなっている。

「私たち小劇場では、同じ世代の若者たちにどうアピールするかということをやっていましたから、そもそも80年代、90年代にははっきりと方向性が分かれていたような気がします。1960年代以降の小劇場運動の劇団は、どこからの援助も受けません、スポンサーを受けません、自分たちのやりたい芝居を自分たちの力でやります、というノンコマーシャルの考えがベースにあるんです。それを小劇場演劇と称するのです。新劇はご存知の通り、伝統演劇に対抗する形で発展してきてます。だから足並みは今そろいつつあると僕は思っていて、新劇の皆さんと我々小劇場がやっと連携できる時代になったかなというところで、河東さんらとの出会いがあったかなと思っています。むしろ新劇の方たちが私たち小劇場の方に降りてきていただいたかなという感じかな」

前出の堀江ひろゆき等による小劇場の内藤裕敬へのアプローチもその現れと思われる。

14　文化が軽んじられていく大阪

新劇はある種、労働運動とともに盛り上がってきたという歴史があり、労働者の権利獲得も一つの目的であった。関西の新劇人たちもほとんどが職を持ちつつ一つの運動体として、市民活動を支えてきた。この事情は関西の小劇場の場合も同じである。「関芸」の役者の中には、映画や放送局が関西でドラマを作っていた時代にはよく出演していた。河東けいも何本かのTVドラマに出演してきたが、今はほとんどそれらの制作が東京になってしまっている。関西の経済が地盤沈下したことが、新劇の経営に大きな影響を与えているのだ。

大阪では80年代に前出の梅田の「オレンジルーム」と扇町の大阪ガスの倉庫を改装してつくられた劇場、雑貨屋、映画館、情報誌の編集室もあるという複合施設「扇町ミュージアムスクエア（OMS）」の二つが小劇場の拠点となっていた。「扇町ミュージアムスクエア」までは小劇場を含めて、演劇もどんどん盛り上がっていたのだ。そういう時代が90年代初めぐらいまで続くが、ここで、いわゆるバブルが崩壊する。「扇町ミュージアムスクエア」がなくなって、オレンジルームも建て替えの名のもとになくなり、小劇場が拠点をなくしていく時代に入る。

「私たち劇作家の集まりで『大阪のど真ん中に劇場を取り戻す会』というのを組織しまして、大阪市に働きかけを行う機会がありました。そこで難波のど真ん中の精華小学校が廃校になったので、そこの体育館部分を大阪市が1億8000万かけて改修をして2004（平成16）年10月『精華小劇場』という200席ぐらいの小さな劇場ができ、やっと小劇場の拠点ができたのです。『精華小劇場』では、2か月にわたる演劇祭を年に3回主催するほか、シンポジウムや地元映画祭、盆踊りなどの場としても利用されてきましたが、財政難という名のもとに、わずか5〜6年でこの劇場も幕を閉じてしまうのです。今は更地ですね。

それでもまだ民間はがんばっているんですよ、難波に『ウィングフィールド』という心斎橋から横に降りたヨーロッパ通りにあるビルのオーナーの福本年雄さんが、私財を投じご自宅を改装して、今も小劇場はたくさんそこでやってますけれど、このような民間の小さい劇場には活力があったんですよ。ただ大阪市にはどんどん期待できなくなってきているというのが2000年〜2010年でしょうか」。

15 新劇と小劇場、今こそともに

そしてここで、出てくるのが維新の会による文化予算のカットだった。文楽への資金援助が打ち切られるなど、大阪の文化活動がことごとく影響を受けた。これらの政策によって、初めて新劇と小劇場が共闘する機会が生まれたのだから「それは皮肉なことだった」と岩崎は語る。大阪市の条例のなかに「大阪市の職員は演劇をやると処罰の対象になる」という文言が書き込まれたという。あまりにもひどい、組合の人たちが寸劇で「今の体制はアカン」という声を上げたのがきっかけと言われている。「こんなひどい条例があっさり通りましたね。組合員のやる気を萎縮させる条例なんですよ」と岩崎も憤慨する。

「組合つぶしです。でもそこに演劇が名指しで書かれていたので、これはやはり声を上げよう、きちんと反対すべきだと、河東さんと堀江さんと私たちが初めて一緒に運動を起こして、わずか6日ぐらいで400人くらいの署名を集めて、市役所に河東さんと堀江さんと私たち小劇場の人間が持って行ったのです。そしたら市政記者クラブの人たちが面白がってくれまして、そのまま記者会見になったんです。そこで、記者さんを前にして壇上に立って河東けいさんも語ったんですが、その時印象に残った言葉が『娘時代に戦争があって、やっと終わった時、パッと目の前が開けたように思った。それがまたこんな時代が来ようとは』と、それはとても感動的なスピーチだったなと、今でも覚えています」

かなり新聞でも取り上げられたようだが、当然ながら市からは何の反応もなかったという。文化を軽んじている傾向が如実に表れた出来事だった。

若者に強くアピールしていた「扇町ミュージアムスクエア」を伊丹市の職員が訪れて参考にして作られたのが、１９８８（昭和63）年に伊丹市が開設した「アイホール」である。演劇専門ホールで運営は伊丹市文化振興財団、岩崎は「アイホール」のディレクターを務めている。どこの行政も財政難を抱えてはいるが、伊丹市の演劇を振興していこうという気概が感じられる活動の拠点である。

この「アイホール」が主宰する「伊丹想流《そりゅう》劇塾」について、毎日新聞が２０１７（平成24）年7月『地方演劇のゆりかご21年』という見出しで大きく取り上げて紹介している。岩崎はこの紙面で「演劇を学びたい人が自然と集まる場になった。この場を維持し、若い世代につなぐことが自分の役目」とインタビューに答えている。ここで学んだ受講生は約２００人。様々な戯曲賞の受賞者も多く、演劇界の中核を担う人材を輩出している。

岩崎はまた、シェークスピアの『マクベス』になぞられた『大阪マクベス』を「アイホール」との共同制作で上演し、大阪の文化行政を皮肉った。この作品は韓国からの留学生が韓国でやりたいと申し出て、韓国語によって上演されたが、これは当時の朴槿恵《パククネ》政権を皮肉ったものとなった。

「まあこういうものも作りながら〝元気を出そうや〟ということでやってます」

「新劇の思想的な反骨精神や反権力の考え方と、今私がやってるお芝居の方向性というのはこの悪い時代に来て、ピタッと合って来ているような気がするんです」と岩崎は語る。

16 「まだ先に何かある」と追い求める姿勢

河東けいと岩崎が現場で一緒に活動する機会は「大阪女優の会」である。この会では毎年違った演出者を招いて上演しているが、岩崎は15年間に演出を2回担当している。大阪女優の会は小劇場の女優と新劇の女優が垣根を越えて、一緒に演じる。それまであまりなかったことだが、やっと今つながれるようになってきている。「こういう悪い時代だからこそ、そうしてつながっていけるのかと思う」と岩崎は言う。原発の問題が起こった時、「核・被ばく・人間」というタイトルの朗読劇を演出した。

そして今年の夏は三たび岩崎が朗読劇『あきらめない、世界を』を演出した。

「もう新劇も小劇場も言うてられへん時期になってきたということでしょ。演劇の形も時代とともにどんどん更新されていって、僕なんかでも今の若い人の表現に「これは?」って、ついていけてない面がありますよ。でもスタンダードな演劇の面白いもの、様式は脈々と今の若い人たちにも継続されてると思える芝居がたくさんあります。関西は大学も多い、ということは若者人口が多いということですし、新しい劇団はたくさん出てきているのです。ただそれが商業資本に受け入れられていくという流れは東京だけにしかない、関西にとってそれは意外とチャンスなのかなと思うんです。出てきたらすぐお金でからめとっていく風潮が関西にはないので、踏ん張り時期かなと思っています。

東京では新しい、かつては書けなかったようなタブーな題材を、きちんと新劇の手法で書ける30代の作家さんが出てきています。たとえば「劇団チョコレートケーキ」の『治天の君』は3代の天皇を題材にしたものですが、関西にもそういう流れが起こってくるといいと思うんですよ。

河東さんのお芝居は、朗読劇でも彼女が読むと、パッと場が締まるんです。言葉というものの扱いが丁寧ですし、それが信条と結びつくのですね。日々修練されていて、まだ先に何かあると、追い求める力が河東けいさんにはある。すごいです」

コラム

幻の「河東けい被害者の会」

熊本 一
演出家

1988年師子座の高橋芙美子さんと関西芸術座の河東けいさん、劇団大阪の熊本一とが面白い本があるので上演しようと集まった。面白い本とは「エデンの東」「南太平洋」のシナリオライターとして有名なポール・オズボーンの『夕映えにクワルテット』(原題『朝は七時』)だ。1989年第1回公演、熊本一演出、東京での本邦初公演の後、大阪ぐるっぺ・あうんが2度目である。その後テアトロエコー、加藤健一事務所ほかで上演されている。

この年「上演したい本を中心に集まり、劇団の枠を越えて関西劇界に風穴を開けよう」とぐるっぺ・あうんで呼びかけて、大阪・関西のベテラン、超ベテランにご参加いただきこの『夕映えにクワルテット』は大変話題を呼び、この上演以降、類似の公演が女優さんを中心にプロデュース上演され、ちょっとしたプロデュース公演ブームになった。唯一若造の私は新劇合同「四季の女達」、劇団大阪「かあちゃん達の明日」「塩祝申そう」などで少し注目されていた。東京では木暮実千代が演じたきかん坊の末娘、老嬢アリーの役を河東さんはチャーミング、実に可愛く演じ、客席を沸かせた。

その20年も前から『奇蹟の人』のサリバン先生の体当たり演技は話に聞き及び、学校公演を含めロングランで、私は観ていないが、すばらしい役者さんであり、演出もされ、厳しい鋭い技で、実は恐かった。

『クワルテット』演出中、流れとテンポを出すため、大分カットした。ベテランの皆さんからもっと短くと言われ、河東さんはその急先鋒だった。私はストレスで結膜炎になり、目が腫れ上がるほどだった。もっとテンポ良くスピーディーにしゃべると全体で芝居も良くなり、演技のアンサンブルも取れ、20分ぐらいは短くなると生意気にも思って言ったが、大先輩、超先輩の味と存在感のある演技を見ていると、それ以上は言えなかった。さすがに河東けいの演技は生きいきとしたテンポがあった。

皆を代表して河東さんが「もっと短く」と言ってこられた。これ以上はどこかをバッサリやるしかない。私は3か所ぐらいバッサリカットしたら、皆から叱られた。そこを切るのはだめなのである。私の目の腫れはひどくなり、赤味を増し、膿が出た。両目共となり眼帯で隠せず、皆さん優しくなった。それでも本番は来る。私はそれなりにできたとホッとしていた。しかし、そんな私の演出ではアンサンブルは良いわけはない、だから皆さん自由奔放、それが良かった。

評論家の中西武夫さんが初日に観られ「なかなか面白いが、もっとテンポがあれば」と言われたらしい。皆さんが、もっとテンポを出そうと声をかけあっているのを私は目撃した。

以後、1990年、第2回朗読詩劇『広島第二県女二年西組』岩田直二演出
これは後々の女優の会へとつながる。
1993年第3回『さよならパーティー』瀬木宏康演出　河東けい佐倉友江役
1997年第4回『夕映えにクワルテット』（再演）熊本一演出　河東けい四女アリー役
2004年KADO企画、ぐるっぺ・あうん協賛『セールスマンの死』熊本一演出　河東けい妻リンダ役
2007年第5回吹田、長崎公演『セールスマンの死』（再演）河東けい妻リンダ役

この間、次々とイプセンほか、いろいろな本を河東さんから読ませてもらった。高橋さんも真船豊作『鼬《いたち》』など持ち込まれるが、私は会社員であり、劇団大阪の代表で、演出・制作をやっていたので、3年か4年空白となったが、食事と少しのお酒、打ち合わせ、勉強会は続いた。

ある日のことである。何度か合同公演プロデュース公演で出演いただいた関芸のKさんから「河東けい被害者の会」を作るので参加せえへん?」といわれ、資格ありと思い即座に「参加します」と答えた。何とも ユーモラスな「河東けいファンクラブ」の命名だと期待したが実現しなかった。Kさんは昨年末に亡くなった。

『セールスマンの死』は関芸門田裕さんの企画でウィリー・ローマン田畑猛雄、妻リンダ河東けい、

長男ビフ門田裕、次男ハッピー井之上淳として話があった。その後のキャスティングも楽しい限りだった。ウィリー・ローマンの田畑さんはさすがだったが、河東さんのリンダは、60歳から38歳へ変化する演技は神業的気迫だった。90歳で亡くなられた高橋さんがやりたかった『鼬』でのおかじ役は、劇団大阪で河東さんに客演していただいた。身体を張った梯子落ちのシーンを80歳すぎでやってのけた。

熊本一プロフィール

1970年「劇団大阪」創立、劇団代表として稽古場兼小劇場を創設。全日本リアリズム演劇会議議長。演出は150作を超える。近石ヤス子作『そして、あなたに逢えた』で大阪文化祭賞、新劇フェスティバル作品賞、銀河ホール地域演劇賞。府民劇場奨励賞、大阪府知事賞。

コラム

「もう一回やっとこか！」おけいさんの背中を追って

末永　直美
VOCE企画主宰

おけいさんのひとり芝居『母』の中国（上海と北京）公演がきっかけでした。字幕を出すお手伝いをしてくれないかと、おけいさんから電話をいただきました。私の仕事は、日本語で前説をすることと、きっかけで字幕を出すというものでした。

ひとり芝居『母』の演出助手を正式にするようになったのは、川本美由紀さんが退かれてからです。それからは、公演の本番一週間前ぐらいから、御影公会堂の会議室や西宮市中央公民館の会議室を借りて、二人だけの稽古に入ります。

稽古は昼から夕方まで、一回通して台詞の間違いや、出てこなかった台詞のチェックをします。その後、少し休憩に入り、お茶を飲みながら、おけいさんの若かり頃のお話です。芝居の世界に入ることをお母様に強く反対されたという話やら、演劇活動と生活をどう両立されていたかというお話など。私はこの二人だけの時間が大好きでした。そして、これで稽古は終わりかと思いきや、「もう一回やっとこか！」と。おけいさんの凄いところです。

この『母』のお伴でいろんな所にご一緒させていただきました。中国以外に韓国、大阪、兵庫はもちろん、東京、小樽、札幌などなど。

今は、ひとり芝居ではなく、ひとり語りの舞台ですが、語りだけで『母』の世界が広がり、映像が浮かび、しっかりと観客に伝わってくる。素晴らしいです。

そして、何よりもおけいさんは好奇心旺盛で、芝居に対しての情熱にはいつも感心させられます。芝居を観に行くことに、時間も労力も惜しまず、東京であろうが名古屋であろうが、地方であろうが、どんな場所にも出向いて行かれます。

そういうおけいさんと過ごす時間は、私にとってとても貴重な大切な宝物です。これからも、追いつくことは到底無理ですが、おけいさんの背中を追って必死についていきたいと思っています。

末永直美プロフィール

1972年アクタープロ児童部入所。1973年劇団師子座（現劇団しし座）入団。以来、中心的俳優として数多くの舞台で主演。しし座退団後、2005年、VOCE企画を立ち上げ。プロデュース公演を企画。現在も舞台、演技講師、司会と幅広く活躍。1979年、関西俳優協議会最優秀新人賞受賞。1999年、主演舞台で大阪新劇フェスティバル作品奨励賞受賞。主な舞台「にんじん」「ハムレット」「谷間の女たち」「八人の女たち」など多数。テレビ、NHK朝ドラ「鮎のうた」「幸福の設計」MBS「表層家族」レギュラー出演。CM「ヤマモリのめんつゆ」ほか多数。

コラム

河東けいと大阪女優の会

金子　順子
コズミックシアター代表

2003年3月20日、アメリカによるイラク攻撃が始まり、日本が同時に進めた「有事法制」に多くの演劇人が反対の声をあげ、4月、東京・大阪において決起集会をひらきました。

これを機に戦争を風化させないための創造活動を進めようと、平和を願う演劇人が集い「演劇は非戦の力」として〝あきらめない、夏〟の公演を続けているのが「大阪女優の会」です。

演劇の命は言葉です、言葉の対極に暴力があります。私たちはあらゆる暴力を否定し、反戦・反核を掲げ、性別、年齢、ジャンル、所属団体の枠を越えた有志が集い、毎夏、気鋭の演出家を誘致し、作品構想を綿密に話し合い公演を続けてまいりました。その代表が河東けいです。

河東から終戦の日の記憶を何度も聴きました。「真っ白になった」……深淵の虚無……。その後「人間の生涯は、破壊と消滅に脅かされる日々から解放された日、初めて〝生きる〟実感を掴《つか》めるのだ」と。

そこに至るまでの彼女の苦闘を私は想像します。

この15年、ご一緒させていただき、目を見張り続けたのは、河東の「言葉」に対する超越した創造性と表現力です。

～どこからあの表現が生まれてくるのか……何があのように語らせるのか、そのリアリティーが生み出す現象の脅威～

それは［演劇への揺るぐことない凛然たる姿勢に貫かれた人生］から生まれるのだ……私は確信し圧倒され続けるのです。そして河東は「戦争という膨大な犠牲の上に辛うじて得た〝平和〟、その尊さを今の若者に伝えたいと切に願う」と語り続けるのです。

大阪女優の会は16年目を目指します。時代はとんでもなく恐ろしい方向に進んでいます。

金子順子プロフィール

コズミックシアター代表。大阪女優の会副代表、日本演出者協会役員、関西俳優協議会委員。「劇団潮流」を経て1995年「コズミックシアター」を結成。ジャニス-A-リンの名で作・演出も手がける。主な出演作に『冬の柩』（大阪文化祭賞）、『釈迦内柩唄』（関西俳優協議会最優秀新人賞）、『つづみの女』『火のようにさみしい姉がいて』（新劇フェスティバル最優秀女優演技賞）など。

故・水上勉の支援を受け『釈迦内柩唄』のひとり芝居に成功、また伝説の戦場カメラマン、一ノ瀬泰造を描く『フリーランサー～地雷を踏んだらサヨウナラ～』は写真・出版業界とのコラボレーションが高く評価された。海外演劇人との交流など活動は広範囲、関西を代表する女優である。

コラム

思春期の子どもたちが『奇蹟の人』に感動

NPO法人兵庫子ども文化振興協会理事
米川　綾子

私と河東けいさんとの出会いは、河東けいさんが『奇蹟の人』のアニー・サリバン役をやっていた時です。

伊丹おやこ劇場が創立5周年を迎え、高学年の子どもたちが増えてきたときに、思春期にこそ人生や社会、平和について考えるきっかけになるような舞台をみせたいと議論が始まりました。その頃、中堅の劇団ではおやこ劇場の高学年例会企画作品として、いろんな作品が提出され、関西芸術座も『奇蹟の人』を出してきたのです。伊丹おやこ劇場の新米事務局長の私にとっては、第2回目に取り上げた高学年例会『奇蹟の人』は感慨深く忘れられない舞台です。

それまで取り上げてきた舞台劇は、ほとんど小学校の低学年か幼児作品でしたから、今でもヘレンケラーが井戸水の手押しポンプから出てくる水を手ですくい、アニー・サリバンがヘレンの掌にウォーターの文字を書く場面、物には名前があることを知るヘレンの感動が直球で伝わってきました。観客から思わず拍手が出た瞬間でもありました。伊丹文化会館の会場は小学4年以上の子ども連れの親子でほぼ満席（８００席）という状況でした。まさにおやこ劇場が一番勢いのある時でした。後に河東さんと話をすると低学年作品『竜の子太郎』にも出演されていたそうです。作品は素晴らしかったという印象はありますが、河東さんが出演されていたことは気が付きませんでした。関西芸術座で子どものための舞台劇に河東さんは、当時からベテラン女優として脇をしっかり固めていたということが窺えます。

『奇蹟の人』は学校公演でも好評を得て上演され、体育館の後ろの方で斜に構えて観ていた中学生たちが、舞台に引き込まれてずんずん前ににじり寄り、静まり返って観ていたと聞きます。荒れた学校ほどその変化は大きく舞台の力を感じられる作品でした。思春期の子どもたちにとって「人間とは」という問いかけにしっかり向き合うことのできる作品であったと思います。そして、その作品との出会いは役者河東けいにとっても大きかったようです。

米川綾子プロフィール

１９７７年、伊丹おやこ劇場事務局長に就任。１９８２年、兵庫県子ども劇場おやこ劇場事務局長兼任、その後、兵庫県子ども劇場おやこ劇場事務局長専任。１９９３年、神戸芝居カーニバル実行委員会に参加。１９９９年、ＮＰＯ法人兵庫県子ども文化振興協会専務理事就任。２００８年、ＮＰＯ法人兵庫県子ども文化振興協会代表理事を経て現在副代表理事として活動。

第3章

反戦・平和を希求して演じ続ける

ひとり語り「母〜多喜二の母〜」

4　『奇蹟の人』でサリバン先生を650回

河東けいのこれまでの主な活動についてもう少し詳しく探ってみたい。

戦争を体験したことで、彼女の活動を通底しているのは、反戦・平和を求める強い想いや願いである。

「河東けいといえば、サリバン先生」という印象を持っている人は多い。

1977（昭和52）年の「関芸」20周年記念公演の、ウィリアム・ギブソン原作、『奇蹟の人』は、演出が富田悦史、柴崎卓三は制作を担当した。そして主役のアニー・サリバン役は河東けい。郵便貯金ホール、森之宮青少年ホールなどの大阪だけでなく、全国各都市の中学・高校を巡演して、河東は650回近くサリバン先生を演じることになる。東京では「民芸」の奈良岡朋子はじめ、有馬稲子、市原悦子、大竹しのぶ……錚々たる実力派女優たちがサリバン先生を演じている。

『奇蹟の人』は三重苦の障害を克服したヘレン・ケラーと彼女に奇跡を起こした家庭教師サリバンを描いた戯曲である。日本では「奇蹟の人」はヘレン・ケラーと思われていることが多いようだが、原題は『The Miracle Worker』とあり、これはサリバン先生を指している。

『奇蹟の人』ヘレン・ケラーは河野元子

アニー・サリバン（原題ではアン・サリバン）は実在の人物で、1866年にマサチューセッツ州でアイルランド系の移民の娘として生まれ、貧しい環境に育った。目の病で一時盲目となる。盲学校での訓練と手術で少し視力を回復したが、光に弱かった。色眼鏡をかけているのはそのせいである。サリバンのおかげで、ヘレンはラドクリフ大学（ハーバード大学の女子学部）に進み、のちにさまざまな社会福祉事業を展開するが、彼女の講演旅行などにもサリバンは同行しサポートを続けた。ブラジルにはサリバンの功績をたたえて「アン・サリバン」という名の聾学校がある。サリバンはヘレンの自叙伝を手掛けたエディターと結婚したが、夫とは長く別居が続き、1936年に70歳で死去している。

河東は50歳代初めからほぼ10年間、女優としての円熟の時期にサリバン先生役と出会い、この作品は河東けいの代表作となった。

「いろんな人が演じているが、河東のサリバン先生が一番胸を打つと言ってもらった」と、河東も誇らしげだ。「河東けいといえばサリバン先生」と言われる所以である。ずいぶんたくさんの地方や中学・高校を回った。当時は学園紛争や家庭内暴力が全国的に頻繁に起こった騒然とした時代で、この時にこの芝居を高校生に観せられたのは非常に幸運だったという。


「どれだけその子たちの心の中に入っていけるか、一回一回が真剣勝負やったね。高校生の反応はいろいろや。普通に演劇鑑賞のような静かにじっと観てる時もたまにあったが、子どもたちが、ガーって食いついてくるときもあった。思春期の反抗してるあの連中が、最初むちゃくちゃに騒いでいたのが、だんだん黙ってじっと観てくれるようになった時は嬉しかったね。いい経験をさせてもらったと、私は彼らに培われた、鍛えられた、と今も思っている。先生方は黙ってみてるのみ、逃げてるんやろね。騒ぐ子や、虎視眈々とみてる子たちがいて、こっちも命かけてやってる舞台や、全部ひっかかえてその子らに真正面から向き合わなきゃいかんのよ。毎日が闘いのようだった、鍛えられたわね、私も。

しかし、いいと思える作品じゃないとできない。『奇蹟の人』は、懸命に向き合えば、人と人は繋がれる、人間は信じあえるんだ、そういうことがあり得るんだという作品やったと思うね。子どもらは芝居が終わって、座談会があったりすると『これは虚構だ』と子どもなりに反抗する。『私もこの人生をかけて、一回一回演じているんや、真実と信じられるからだ』なんて偉そうに応えたものやけど、必死に彼らと向き合おうとしたんよ」

河東は「自分は芝居が下手だ」という。「お芝居ちがうねん。やって（演じて）たらパーッと気持ちも身体も一体になってしまう」と。一日3公演の時もあった。1回目が朝の10時から、次は昼の1時から、そして夜の公演。ひどく疲れる、くたびれて背中が痛む時もあった。でも「それが自分の芝居だ」とも。

この子らの中には演劇なんて一生に1回しか観ないという子がいるかもしれない。だからどれだけその子たちの胸に響くものを観せられるか、自分たちはそれを担っているのだと思って演じているのだった。毎回、全力投球だった。体もよく動いた。体力もあった。ヘレンとの格闘で舞台での打ち身はしょっちゅうで、そのころは体にいくつものあざを作った。腕を骨折して2か月代役を立てることを余儀なくされたこともあった。他人にこの役をされるのは悔しかったという。

人間を信頼するとはどういうことか？　演劇で人を動かせることもありうると信じての必死の毎

日だった。その芝居とその役に惚れたからできることだったのだろう。

同時期に東京の有名な2劇団も『奇蹟の人』で巡演していたので、参考にと観に行ったが、ただ筋書き通りに展開するだけ、大拍手は受けているが、なんの感動も起こらない。河東は〝こんなシバイはしたくない〟〝心から共感してもらえる舞台〟をつくらなければと強く思ったという。「演出家が私を選んでくれた」千載一遇のチャンスだから、一生懸命演じたのだった。サリバン先生を演じられたのは幸せだったと河東は当時を振り返る。「芝居って自分の生き様や」と——。

2 大阪女優の会　平和を願う仲間たちと

2003（平成15）年、アメリカはイラクが大量破壊兵器を保有しているとの理由でイギリス、オーストラリアなどとともに国連安保理の承認を得ずに空爆を行い、軍事侵攻したイラク戦争。日本の小泉純一郎首相もいち早くアメリカを支持する声明を出し、自衛隊を派遣し、アメリカに追従した。フランス、ドイツ、ロシアなどは不支持であった。

これによりフセイン政権は崩壊したが、以後、イラク国内は混乱を極めた。2011年、オバマ大統領によって米軍はイラクから完全撤退し、イラク戦争はようやく終結した。

東京では、この戦争に反発した演劇人たちが反対を訴える公演を行った。「非戦を選ぶ演劇人の会」が結成され、ピースリーディング『すべての国が戦争を放棄する日』が上演された。

また、女優で演出家の渡辺えりらの呼びかけで「イラク攻撃と有事法制に反対する演劇人の会」も結成され、朗読劇『あきらめない 演劇は非戦の力』を上演。岸田今日子、音無美紀子、中村獅童、吉田日出子、山崎ハコ、林隆三らが参加した。


青春時代を戦時下で過ごし、空襲の恐ろしさを身をもって体験している河東である。2003（平成15）年、河東が呼びかけ、「劇団きづがわ」のプロデューサー赤松比洋子《ひよ》、「劇団大阪」の堀江ひろゆきらと「関西でも黙ってないで、何かやろう」「以前はやってたよね」「何とかしないと」と声を掛け合い、そうして立ち上がったのが「大阪女優の会」である。その後、「コズミックシアター」代表の金子順子や「劇団息吹」の佐藤榮子ら業余劇団の主だった女優たちが集まった。第1回の公演は「地人会」の木村光一が構成・棚瀬美幸が演出した朗読劇『この子たちの夏』を取り上げた。

この作品は「地人会」が20年にわたってやってきている、原爆で亡くなった子の母親の証言で構成している。「劇団大阪」のスタジオ谷町劇場で公演して成功を収めた。それから毎年8月に反戦・平和をテーマにした朗読劇を行って、もう14回続いている。

この会には毎年いろんな人たちが集ってくる。気鋭の若手演出家に依頼して演出をしてもらう。ほとんど手弁当の活動であるが、やめられない。志の問題だという。朗読劇はお金をかけなくていいから続いている。小劇場がここ20～30年力をつけてきている、そういうところの若い女優たちと主に一緒にやってきた。日本がどんどん戦争のできる国に向かっている今、よりその必要性を感じている。これまで河東と同世代の詩人・茨木のり子や作家の田辺聖子の作品を取り上げてきた。二度とあんな時代に戻してはいけない、その思いを若い女優たちにつないでいけたらという思いで続けている。

この会を裏方で支えてきた演出家で「劇団大阪」の堀江ひろゆきは、

「ぼくは制作という裏方をやっている。助成金の申請をしたり、演出を依頼する交渉をしたりするのが役目だ。演出はほとんど小劇場の人がやっている。赤松比洋子さんが演出と決まっていたが急死され、ぼくが代わりに演出をやったこともある。井上光晴原作の『トゥモロー　明日』という作品で、これは小松みきお脚色の長崎原爆の前日を描いた作品だった。棚瀬美幸、東口次登、吉崎洋子、岩崎正裕、キタモトマサヤ、内藤裕敬、中村賢司、山口茜など錚々たるメンバーが演出している。15周年の2017（平成29）年夏の演出は『劇団太陽族』代表の岩崎正裕に頼んでいる」

『女優の会』はあくまでも志を持った有志が集まって、だんだん拡がりを見せてきました。大ベテランのおけいさんから、すべての年代を網羅して、役者のバランスもいい。20代の若い女優たちには良い経験になっていると思う」

東京の会では有名人を起用しているが、稽古1回ですぐ本番、大阪では最低15回は稽古をしている。女優たちは自分で客を集める苦労もしている。堀江は「東京とは質が違う」という。

「70年代まではまだ各劇団が、8月の取り組みとして戦争や原爆の問題などをやっていたが、80年代になるとほとんどの劇団がやらなくなった。東京ではまだ2、3の劇団が取り組んでいるが、夏になると『関西でもやろう』という話が当然のように持ち上がっていた。母親のイメージが強い女優たちを中心にやろう、男の僕は表に出ないでプロデューサー役を務め、準備は半年前から始める」

演劇人は言葉を大切にする。言葉の対極は暴力、最大の暴力は戦争である。演劇人は「戦争に反対する」――そういう理念でやっている。世情が不気味になりつつある今、よほど根性据えていかないとやれなくなるかもしれないという不安を抱えつつ、裏方の堀江は前を向いて決意を語る。

2017（平成29）年、この「女優の会」の15周年の記念公演は、岩崎正裕演出『あきらめない、

大阪女優の会・朗読劇『あきらめない夏 2010「遠くの戦争〜日本のお母さん」』

世界を〜不寛容社会からの脱却〜』である。

「いま日本は『美しい国』『強い国』を目指すと言っているが、衣の下から鎧が見える（堀江ひろゆき）」。それはとりもなおさず多数が少数を叩く不寛容な社会に向かっているということに他ならない。

「右傾化する社会の差別構造や戦争準備を始めるに至る社会の空気を題材に、オリジナル台本によるリーディングを試みます」（岩崎正裕）。会場は大阪市中央区のドーンセンターで9月8日〜10日に上演された。それは朗読劇の枠を越えたといえるほどの躍動感にあふれた感動的な舞台であった。ヘルニアの手術から間がない河東の体調が心配されたが、「さすがに大ベテラン、河東さんはしゃんとされていた」と演出の岩崎も「感服しました」と言う。

イギリスはイラクへの侵攻は誤りだったとの報告書を出したが、日本ではきちんとした総括さえ行われていない。福島の原発事故しかりである。

そんな中で関西の女優たちは「せめて私たちの意思表示を」と、演劇を通じて地道な活動を今も続けている。

3 朗読の会 アクセントで苦闘した10年

河東は若い頃は朗読にあまり興味がなかった。芝居は人とやるもの、アンサンブルだと思ってきた。20年、30年前、朗読は特殊なもの、ラジオとかでやるものと思っていて、自分の中ではあまり重きを置いてこなかった。それが今は、朗読でも十分表現できる、面白いと思えるようになったという。なぜだろうか、それは河東けいに、身体表現がなくても、一人でも、朗読で十分に表現できる実力が備わったという自信の裏付けではないだろうか。

請われて、神戸のハーバーランド文化村(松方ホールのある建物の一室)、京都、大阪、加古川、神戸の自宅で、それぞれ月に一度程度、朗読教室を開いてきた。「大阪女優の会」で、毎年、朗読劇をやっているが、呼びかけ人の河東も必ず参加している。朗読は聞き手が想像力を働かせて、理解する、膨らませることのできる言葉文化である。近年各地で朗読教室が盛んに開かれているが、声を出すことで自分を表現することができ、元気になれるなど、朗読の可能性がクローズアップされているようだ。

藤田佳代舞踊研究所出演、時実新子『雪舞の…』2001年

関西人だからアクセントには苦労した。台本にアクセント記号を付けて気をつけるが、直すのに何十年もかかったという。芝居の大半はアクセントで引っかかった。関東の人がうらやましいと思った。関西は2音目が上がらない。だからドテッとなる。2音目が上がるとテンポもよくなり、歯切れがよくなる。今でもアクセント辞典が離せないという。そう

いえば、河東の自宅の居間の目立つところに「アクセント辞典」が置かれていた。ヘルニアの手術で1週間程度の入院の病室に持ち込んでいるのを見つけたときには、驚くと同時に頭が下がる思いがしたものだ。

筆者は神戸の点字図書館を基点に視覚障害のある人たちへの音訳図書づくりを経験したので、おこがましい言い方だが、アクセントの苦労は他人事とは思えない。ボランティアの先輩たちから何度も何度もアクセントを直され、その時ばかりは関西に生まれたことを恨めしく思ったものである。

河東は言う。

「私はどんくさいから、なかなか関西アクセントを直せなかった。敏感な人はすぐに直るけど、音感の問題かな？〝甘えた〟の関西弁だったから、ベタリベタリ、たいへんやったよ。どれだけ苦労したことか。アクセントコンプレックスや。テレビでも「あれ、今のアクセント違うのでは？っていうことがあるね。

アクセントは大事やけど、でも、だいたい出来たらそれでいいと思う。ことばは土地、土地で違うから、それで人間性が出てくるんやから、いかにそれを活かせるか、自分のものにしてしまえれば、全部で自分の世界が創りだせるのだから、それでいいんと違う？」

大女優杉村春子は終生、広島訛《なま》りが抜けなかったという。杉村春子は築地小劇場の入団試験を受けたが、あまりにも広島訛りがひどくて「3年ほどは舞台には出されない。言葉を直すように」と言われた。ところが、その時、舞台でオルガンの弾ける女優が必要だったが誰もいなかった。音大に進むつもりで上京してきたが、受験に失敗し、入団試験を受けに来た杉村春子はオルガンが弾けたので、すぐに舞台に上げられたのだという。それで杉村春子はずっと広島訛りがぬけなかったのだとか。そんな話が、新藤兼人著『杉村春子　女の一生』（岩波書店）に紹介されていた。

4　若い子たちの演劇にガンガンはまって

高校演劇大会で若者とふれあい

河東けいが夏になると楽しみにしている全国高校演劇大会が、日本のどこかで毎年開かれている。かつて奈良や三重、和歌山などから高校生の演劇指導に来てほしいと依頼されたことがあって出かけて行った。そのうち高校演劇大会があることを知った。

「それは面白そう、一回行ってみようと思って見に行ったの。我々専門劇団の演劇が、あるピークを過ぎて、〝まどろんでいた〟時、なにか局面の違うものがあるはずやと思って探してた時やったんやね。若い子たちの演劇にガンガンはまっていったんよ」

職業演劇に飽き飽きしていた時期だったという。発想性が薄いし、同じような繰り返しの状況をどう破れるかが見つからない時期だったから、高校生演劇はフレッシュで、面白くて職業演劇とは全然違っていて、衝撃的だったのだ。自分の中の低迷期だったこともあるだろう。「違う」「違う」と何かを探していた時だったから、ストンとはまってしまった。

「高校演劇って、自分らの目線があって、そこからパーッと創る。若者たちは一途である。上手い下手は関係ない世界。自分たちと全然違ってたから面白い！とのめりこんだんやね。これだ！と思った」

だいたい河東自身、「役を作るということが苦手だから」その役に入り込んでしまうタイプである。だから高校生から生まれてくるものに興味深かった。大会の審査員を度々務めたこともある。

高齢の現在も夏になると九州でも北海道でも、高校演劇大会が開かれる地方へ出かけていく。教えるのでなく、楽しんでくる。２０１６年は広島に出かけた。２０１７年の会場の仙台に行くという河東を、ヘルニアの手術を間近に控えているから自重するようにと中島淳が必死に説得した。旅好きで好奇心旺盛な性格は全国を行脚した祖父の国臣《くにおみ》の、そして商いのためではあったが、アメリカ以外の多くの国をたえず旅していたという父正躬《まさみ》のＤＮＡを引き継いだのであろう。

「毎年「輝く○○の×××！」とかいうスローガンがあるけど、そんなの関係ない。フレッシュで、自分たちの感じるところでやっている彼ら、それがいい。上手下手よりもストレートに自分の思ってるところでやる、新鮮そのもの、それが演劇の原点と違うかなあ」

「高校演劇にかかわっていた先生方は、定年退職の後も観に来られている。私と同じやと思うよ」

そこからスカウトされてプロの世界に入っていった子もいる。「伸びそうやな」という子もいた。しかしプロの世界は厳しい。まず食べていけない。河東がこの世界に入るときに先輩たちから強くアドバイスされたが、いつの世も同じだ。何年たってもその状況は変わらない。

劇団では出演すると手当（出演料）が出る。1か月半で2万円、到底生活できない。出演がなけ

『わらいの魂』NHK テレビ、2001 年

れば収入はゼロである。先輩たちは入ってくる子にはそうアドバイスもする。大概みんな辞めていく。特に男優は大変である。家族を持ったらなおさらだ。アルバイトしないと続けられない。東京はテレビや映画の仕事があったりするから、まだ何とかやっていける人もあるかもしれないが、関西はそうはいかない。妻が働いて支えている場合は劇団に残ってやれる人もあるが、そんなのはまれな例だ。まだテレビドラマを関西の局で制作していたころはよかったが、今はそれもほとんどなくなっているから、すべてが東京中心になってしまって、よりやりにくい状況に変わった。

「家族を持ったらなかなか続けられない。私は家で食べさせてもらってたし、結婚もしてないから何とかやってきた。それでもアルバイトもした。芝居だけで食べていくなんてありえない、商業演劇じゃないからね」

「恋人も何人かいたけど、ママが『結婚相手は帝大出でないとダメ』とかいう考え方だから、芝居してたらそんな人とは出会えない。これは無理だと思った」

『八月の鯨』デヴィッド・ベリー／演劇集団虹 第2回プロデュース公演。作、杉本孝司／訳、瀬木宏康／演出、1995年

「河原乞食のような」「下卑た」と、演劇人となった娘に言い続けた母親であったが、いつしか近所にいた仲良しの従妹と一緒に河東の芝居を観に来てくれるようになっていた。娘が主人公や重要な良い役がほとんどだったので、多少は嬉しかったのかもしれない。それでも母からは相変わらず厳しい批評が多かったが、そっと小遣いを手渡してくれたのは優しい父だった。

両親は結局のところ、娘が自分で選んだ道で成長してくれることを切に祈っていたのだと、河東は今になって、そんな両親の存在を「ありがたく思っている」と語った。

5　実らなかった？　3つの恋

91歳の河東はとてもチャーミングだ。

きりっと一本引いたアイライン、頭にウイッグをつけて、口紅を塗り、足を守るために左手にショッピングカート、右手に杖を持って歩くが、その背筋はピンと伸びて、サッサッサッと速足で歩く。笑うと深いえくぼが目立ち、とびっきりかわいい。年齢を考えると、可愛いという表現は失礼かもしれないが、時おり童女のような愛らしい笑顔を見せる。そんな彼女の魅力に惹かれる「おけいさんファン」も多い。自分たちもこのように年を重ねたいという願望も込めて……。

11月には92歳になる。私の母親世代だ。今も十分魅力的な河東である、若い頃の河東の周りに何人かの恋人がいても不思議ではない。

京大で兄と友達だった医師のKとは淡い恋で、たいした理由もなく演劇をやりだして、いつの間にか別れてしまった。そのころ、民衆劇場に入って、新しい環境にのめりこんでいったのが原因かもしれない。

新しく入った演劇の世界には、社会に目を向け、新しいことに挑戦しようという創造性と理想を持った男たちがいた。彼らは世間ずれしていない、ちょっと変わった女優に目を奪われたに違いない。Mもそんな一人、彼とは劇団内では公然の仲だったようだ。10年以上続いた恋人だった。仲間から「どうするの？」って言われ続けた。Mは河東に「結婚しよう」と何度も告げている。

「私が、結婚に踏み切れなかったんやね。結婚してずっと一人の人に寄り添っていける自信がなかったんや、家庭や子どもに縛られるのは嫌やった。いい加減な女やからMもたいへんやったのと違う？『ぼくも家庭をもって、子どもも欲しい』と真面目に言われると返答に困った。私にはほかにもいいと思う人もいたしね。私はいいかげんな女やったから、相手を悲しませた。みんな彼に『あんなおけいと一緒になったらあかんで』って忠告してたみたいやね……本当やと思うわ」

河東には結婚願望がなく、相手から「結婚したい」と告げられても「うん」とは言えず、業を煮やした相手にはいつしか別に結婚を考える相手ができてしまう。「もう（結婚しても）いいかい？」と尋ねられ、河東は「ああ、そうか、いいやん」と言ったという。えらく冷めた答えであった。

彼は新しい相手と結婚し、やがて子ももうけた。

結婚に縛られたくない、大変や、芝居なんかできないだろう。それにほかにも河東に迫ってくる男性がいた、年下のTもまた同じような状況だった。長い間付き合ったが、結局、彼も煮え切らない河東を待ち切れず、河東の知り合いの学校の先生をしている女性と結婚した。劇団もやめ、他のところで演出をしたりしていたようだ。子どもをもうけたが、Tは早逝したと聞いた。

「私の相手はみんなまじめで立派な人だった」
「みんな普通に結婚なさいました」
「だから私は邪魔もしていません」

と、言い切る。そして、「2人とも幸せな家庭を持って、子どももできた。それでよかったんや」というが……。やはり、芝居の面白さにのめりこんでいった時期だったのだろう、劇団内でも主役をはじめ、それに準ずるような役を演じることも多くなっていた。また、河東の周りには好意を寄せてくる男性がまだほかにもいたし、何より彼女を守ってくれる親がいたことも結婚に踏み切れなかった理由の一つかもしれない。「家で好きなように居させてくれたからやね」。

家にいることができたからというが、親がいつまでも彼女を支え続けていけるのか？という危惧など持たない性格だから……。

河東の相手の男はみんな真面目な人ばっかりだった。結婚して子どもを作って、普通に暮らしたいと願ったが、河東はもっと自由な形で付き合っていきたかったという。

「私はいい加減な女だから結婚に向いてない。一生ひとりの人とやっていく自信がなかった、縛られたくないって、勝手な女や」

「私は当時伝えられてきた、フランスの哲学者サルトルとボーヴォワールの二人が理想的な形だと憧れていたんやね」

そんな風な言葉を聞くと、結婚を望む男を振り切り、一見自由を楽しんでいるわがままな女優という風にみられるかもしれない。しかし、それは、「結婚したら相手に寄り添い、一生連れ添うものだ、自分の思うようには生きられないだろう、こんな自分では相手が気の毒」という河東の古風で、真面目な結婚観の裏返しなのかもしれない。つまるところ、やはり自由奔放な思いを膨らませる芝居の世界の方が、彼女にとっては魅力的だったとも言えるのではないだろうか。

そして河東けいは、その道をまっすぐ突き進んできた。

「ほかの人はみんな結婚してちゃんとやってはるけどね、でもやっぱり、食べていくためにはどっちかが辞めて働かなければやっていけないのと違う？　芝居を続けるのは難しいね。私には窮屈な思いで結婚生活に耐えていけるのか、自信がなかった。相手にも申し訳ないと思うのみで、勇気がなかった。でも、一回、そんな生活も経験してみたかったなぁ」

Mは河東の1歳年上、最近、関東に住む息子のもとに夫婦で引っ越していった。

「もう関係ないけど、なんかちょっと寂しいな」と思った。

3人の男性とのことは、もう遠い遠い思い出の彼方である。Mは今年8月に亡くなった。

6　『小町風伝』日韓演劇フェスティバル

東京、大阪、福岡の3都市で開かれた「第2回日韓演劇フェスティバル」は日本演出者協会の主催で2011（平成23）年1月〜2月、日本の演出家が韓国の戯曲を、韓国の演出家が日本の戯曲を上演、戯曲リーディング、シンポジウム、音楽、舞踊、詩の朗読、韓国舞台のビデオ上映など盛りだくさんな催しが一心寺シアター倶楽《くら》とドーンセンターを会場に繰り広げられた。

一心寺シアター倶楽《くら》では日韓共同制作の『小町風伝』を韓国演劇界のエース、李潤澤《イユンテク》が演出を担当、2月3日〜5日の3日で4回の舞台がくり広げられた。李監督が河東と出会って、能の『卒塔《そと》婆《ば》小町《こまち》』の現代版の『小町風伝』に取り組むことになったという。詳しくはこの企画の関西ブロック実行委員長を務めた堀江ひろゆき氏のコラム（190頁）が伝えるが、李監督たちがマンションを1か月借りて共同生活を通して作っていった作品である。

大阪は在日の人が多い地域、在日の劇団を巻き込んでやりたいと『母と子、日韓の歴史の間《はざま》で』大阪マダン」というタイトルにした。李監督は演出家協会から招かれたワークショップで河東に〝惚れ込んで〟、「この人を主役に使いたい、何をやるか、太田省吾の『小町風伝』をユンテク風にやりたい」と決まったという。韓国からも主役級の女優を含め7人がやってきた。

この演劇祭の会場になった「一心寺シアター倶楽」は、大阪市天王寺区の約830年の歴史ある浄土宗のお寺で、宗旨に関係なく参詣や納骨を受け入れ、骨仏を作っていることで有名な一心寺が立ち上げた、文化事業財団が運営している。1994（平成6）年の開設以来さまざまな劇団が利用しているが、高口恭行館長も舞台を中心に活動している俳優である。ここもまた大阪の演劇文化を支える場所の一つになってきている。同じく天王寺区にある浄土宗の應典院も本堂をホールとして若手演劇人による演劇祭などを行ってきている。これら開かれたお寺の今後の活動にも注目したい。

韓国公演『小町風伝』の老婆。2012年

この芝居のために、1か月間、日韓の共演者たちとで共同生活を送るマンションを決めるのにも手間取ったが、食器などの生活必需品を堀江の自宅から運んだりと大騒ぎだったという。稽古でもいろいろ波乱が起きた。一人が辞めて、一人は来なくなって一人二役をやったりした。役者と演出者がぶつかったりもした。ユンテクは韓国演劇界では絶対的な存在なので、韓国の役者は文句を言わない。日本側が意見を言ったら監督はひどく怒ったという。堀江らは集客をがんばったので740人も入った。それで監督の機嫌がよくなった。

信頼関係ができ、蜜陽《ミリャン》演劇祭に招待された。7月の末、韓国の最も暑い地域、炎天下の野外劇場で公演をした。堀江は「日本の太田省吾は死の世界を中心に描いている死生観だが、ユンテクは生きてる方に力点を置いている生死観、ものすごく元気に走り回る演技、おけいさんは出ずっぱりだったからさぞ大変だっただろう。衣装は何枚も重ねて着てるから汗びっしょりだったと思う。ビールガンガン飲んでましたね」と、85歳の河東のそのバイタリティーに驚愕したそうだ。そして「演劇史に残る名舞台であった」と評している。

7　堀江ひろゆきとは50年一緒に活動

劇団大阪の演出家・堀江ひろゆきと河東の出会いは、およそ50年前。もう半世紀になる。堀江は会社に入って演劇を始めた頃だから26、7歳だったか、その頃、「関芸」の俳優が、堀江の勤める保険会社の演劇部に教えに来たり、チケットを売りに来たりしていた。

「おけいさんがチケットを売りに来た時、お昼を一緒に食べてチケットを預かったのが最初だった」。河東は当時40歳代、「すらっとしてましたね」という。

堀江は会社に演劇部を作った。損害保険会社の労働組合にも演劇部があって交流があった。しかし70年代になって、高度経済成長で世界第2位となった日本の経済界では、企業間の競争も激しくなり、労働組合への締め付けも厳しくなっていく。無数のサークルが顧問に部長クラスを当てられ、つぶされていったという。万博を境に労働組合の弱体化が目立つようになっていた。演劇の稽古に会社の会議室も使えなくなり、稽古場探しに苦労した。幼稚園とかお寺とかを転々として稽古していた。80年代は大量生産大量消費社会、90年代はバブルで日本は海外のビルやリゾート地を買いまくっていた。お金がだぶついていた時代、「企業で飯を食いながら芝居を続けていくのは、まさに闘いだった」「労働現場にいることは社会の矛盾の最先端にいるということ。そこにいることで職業劇団と違うものが創れると思った」と堀江は言う。

金融関連の企業に勤めていた仲間で「劇団大阪」を創設した。苦心して自前のけいこ場を持てたことが大きな力になった。今も谷町7丁目にある広い稽古場が演劇文化の拠点の一つになっている。「関芸」のような職業劇団と違って、「劇団大阪」のような、仕事をしながら夜に稽古をしている劇団を業余《ぎょうよ》劇団という。

ドイツ・ダブリン市・ゲイト劇場

すばらしい俳優ブレナンと

堀江は大阪新劇団協議会の名称変更にも異議を唱える。２０１５（平成27）年の総会で、「新」という文字を削って大阪劇団協議会と名称を変更した。どういう決め方をしたのかと尋ねると、提案したらだれからも反対がなかったという。

東京では「新劇の灯を消すのかっ！」との反対意見が出され大激論になったと聞く。「ぼくはそんな簡単に名称変更していいのか？という論文を書いた。それを演劇フェスティバルの前夜祭に参加の劇団員に配られるということになった。そんなことでいいのかと思っている」

「おけいさんとはドイツも一緒に行った。２０００（平成12）年、ドイツのチロルのオーバーアマガウという地方に、ブレヒトの生誕祭に招かれた。ドイツ演劇専門の大阪外大（当時）の市川明教授にご一緒していただいた。国を挙げてのブレヒトの芝居三昧、文化に対する姿勢の違いを強く感じましたね」と言う。

海外といえば、河東は文化庁の海外研修制度を利用して３か月間、アイルランドに一人で出かけている。アイルランドは、19世紀後半ロシアのモスクワ芸術座を中心としたロシア演劇が世界の中心だった同時期に、ウィリアム・バトラー・イエイツなど優れた劇作家をたくさん輩出していて、演劇の伝統が現在も大切にされている国である。河東はこの海外研修制度を利用した関西の演劇人の最初だったのではと堀江は回想する。当時77歳の河東が単身でアイルランドに行ったという挑戦は「いい意味でショック、後に続く人たちの励ましになった」という。堀江もまた63歳でこの制度を利用してドイツに行っている。

8 三浦綾子の『母』との出会い、中島淳との出会い

「神戸芝居カーニバル実行委員会」は、当時としては、ひとり芝居に特化したフェスティバルを思いついた中島淳が1992（平成4）年に立ち上げ、事務局長についた。中島は1976（昭和56）年発刊の季刊誌『兵庫のペン』（1999年63号で終刊）の発行にかかわってきて、事務局長を務め、神戸にほんまもんの文化を根付かせたいと活動している。

この『兵庫のペン』の発行財源を生み出すために中島は、坂本長利の一人芝居『土佐源氏』の兵

庫県下の公演に取り組む。私の記憶の中にも、坂本の蓆《むしろ》をかぶっての凄みの効いた気迫あふれる演技は今も強く印象に残っている。その後、今や伝説となったマルセ太郎の「スクリーンのない映画館」、田中泯《みん》の場踊り、イッセー尾形のエスプリの効いた一人芝居、松元ヒロの辛口コメディ、オオタスセリの「おひとりさま劇場」などのすぐれた作品を取り上げてきている。

現在は「木津川計の一人語り劇場」、そして河東けいの「母〜多喜二の母〜」が看板演目だ。「木津川計の一人語り劇場」を、立命館大学教授を定年退職後の71歳で旗揚げ、毎年演目と口演回数を増やし続け、木津川計は今、13作目に挑戦している。〝木津川節〟と言われる大阪弁の柔らかい語りで、新国劇の『瞼の母』『一本刀土俵入』、映画『無法松の一生』『私は貝になりたい』『生きる』、さらに『父帰る』『語る落語』などその演目は多彩である。そこに木津川独自の解釈で作品と時代を語り、ファンを魅了している。

中島は言う。「ぼくは二人の『けいさん』を振り回しているのか？　ぼくが二人に振り回されているのか？」

神戸芝居カーニバルの設立趣旨は以下のように記されている。

設立趣旨：

1. 演者のエネルギーと観客のエネルギーが、ぶつかりあい交錯してできあがる舞台空間に大きな特徴をもつ一人芝居（一人芸）を年に数回開く。第1回は1992年5月で、全国で最初。

2. 新しい一人芝居の創造に期待し、新作企画や海外（主としてアジア）の演者の参加を実現し、神戸と関西の舞台創造に刺激を与えるものにしていく。

3. 創造的で楽しめる舞台を待望する市民のために、企画、交渉、運営のすべてを市民によって行う実行委員会。実行委員会を通じて市民が一層神戸を愛し、まちづくりに参画する。

1992（平成4）年、神戸芝居カーニバル実行委員会では、河東けいと吉行和子に一人芝居の新作初演をもちかける。その直後に三浦綾子の『母』が出版される。河東に最初にこの作品を知らせてくれたのは、かつての恋人Mだった。河東は原作を読んで感動した。「ぜひやりたい！」原作も90歳近い小林多喜二の母セキのひとり語りである。これをひとり芝居にと、東京で活躍の脚本家ふじたあさやに依頼した。一人の素朴な母親の言葉を通して子どもを疑いもなく信じられる母の愛、母の強さ、母の哀しみを伝えたい。翌年からひとり芝居の公演が始まった。

「三浦綾子さんはこの作品、ご主人から薦められて書いたという。最初はあまり気が進まなかったのか、10年ほど経ってからやっと書いたと記してある。どうしてかというと、資料を調べているうちに家族が素晴らしい、それに魅かれて書く気になったんやね。時代の犠牲者であるというよりも家族の中で育んだ想い、貧乏の中でも家族が仲良く寄り添っている。多喜二の書いたことは、女性や労働者がちゃんと暮らせるようにと、ものすごく特殊なことではなくて、当たり前で、〝そうだ〟と共感できることや。なんでこういう人が殺されなければならなかったのか。それに、本当によい家族やったから三浦さんはそこに感じ入って書く意欲が出たそうやね」

「あの言論弾圧のゆがんだ時代、知らないうちにそういう方へ、当たり前のように学校でも教えられてた。そうして戦争へと向かっていった。もう二度とそういう時代になってはいけない。正しいことを言って殺されていった、暗黒の世界に戻らないよう、思い上がった人を作らせない。ひとりひとりが大切にされ、各々が花咲かせる時代に、あの大変な時を経験して手に入れた権利をしっかり守り抜かなければならないと、私ら戦争体験してるからね、戦争やってはいけないとの思い、基本的にあるんよね」

1994（平成6）年、河東けいはひとり芝居「母」で大阪府民劇場奨励賞を受賞した。

戦争を体験した人間だれもが持っている、二度と戦争は嫌だという反戦の思い、昨今の政情を河東は「怖い」という。日本人は「何とかなる」と思って安穏としているが、あっという間に戦争に突き進んでしまった過去を経験している。そういうことを知っている人が少なくなってきている今、声高に反戦を叫ぶことはしないが、この「母」を通して、自分の思いを伝えていきたいというのが彼女にできる反戦活動なのだ。

2017（平成29）年春に同じく三浦綾子原作の映画『母　小林多喜二の母の物語』が、寺島しのぶ主演で公開された。84歳の松井火砂子《ひさこ》監督がメガホンをとった。松井監督は終戦の年13歳だった。「靖国の母と言われるよりも、子供を生きてかえしてほしい」母の思いを映画に込めたという。

何年か前に私はJR住吉駅と直結している東灘区民ホール（うはらホール）での河東のひとり芝居「母」を観たことがある。少しの舞台装置と照明の中、河東は体全体で小林セキの哀しみを演じていた。

2004（平成16）年、河東けいと中島淳は神戸市文化活動功労賞を偶然にも同時受賞している。

『母』のひとり芝居に寄せて

三浦　綾子

小説『母』が出版されたのは1992年3月である。私はそのあとがきに次のように書いている。〈小林多喜二の母を書いて欲しいと三浦から頼まれたのは、もうかれこれ10年以上も前のことになろうか。正直な話、私はこの三浦の提案に困惑を覚えた。私は、小林多喜二をよく知らない。共産主義にもまことにうとい。その私に、どうして小林多喜二の母がかけるだろうか。〉

事実私は大いに戸惑ったのである。が、取材が始まり、調べるに従って、多喜二の家庭の明るさにいたく心を捉えられた。その後紆余曲折はあったものの「いかに国家権力といえども、裁判にもかけないで人を殺してよいのか。これに白黒決着をつけてくださる方がいないのか」という三浦の問題提起を何とか小説の中に盛り込み、曲がりなりにも全編を書き上げたのであった。

この書おろし小説は刊行早々意外に大きな反響があった。思いがけない舞台上演の話もあった。まず、同年4月前進座から、つづいて7月ひとり芝居の制作申し込みがあった。これらの上演は1993年6月、ひとり芝居が先に実現し、河東けいさんの演じたビデオテープが私のところに送られてきた。ひとり芝居という以上、長い台詞を只一人語り演じるわけである。どのように表現されるのか、心躍る思いでビデオテープを私は見た。そして驚いたのであった。簡素な舞台装置の中で、河東けいさんは見事に多喜二の母セキを再現されていた。特に多喜二の死に絶叫するその声に私は胸をかきむしられる思いがした。

河東さんはその後病気になられ、昨年11月入院、1年間休演されたとのことであるが、幸いこのほど回復されて再び舞台に立たれるという。何とうれしいことであろう。

前進座のそれとはまた一味ちがったこのひとり芝居が、今後各地に上演されて、多くの人に多くの感動を捲き起こしてくださることを、原作者として期待して止まない。

―1994年11月―

（三浦綾子さんは1999年10月12日逝去された）

『母』のひとり芝居に期待する

三浦綾子記念文学館館長　三浦　光世

小説『母』は、私が妻綾子に頼んで書かせた小説である。この母は小林多喜二の母である。その思想の故に、不当にも国家権力によって若き命を剥奪された小林多喜二。母セキにはなんとしても納得できなかったにちがいない。この母の嘆きを私は思いやらずにはいられなかった。そしてそれを訴える小説を書かせたかった。

私が言いだして10年後に、小説『母』は生み出された。前進座によって舞台化された。小説も舞台も反響は大きかった。

その後、ひとり芝居の制作の申し込みがあり、河東けいさんが、母セキ役を演じて下さった。私たち夫婦は、その舞台を直接見る機会を得られなかったが、幸いビデオテープで見ることができた。綾子はその時の感動を幾度も言っていた。

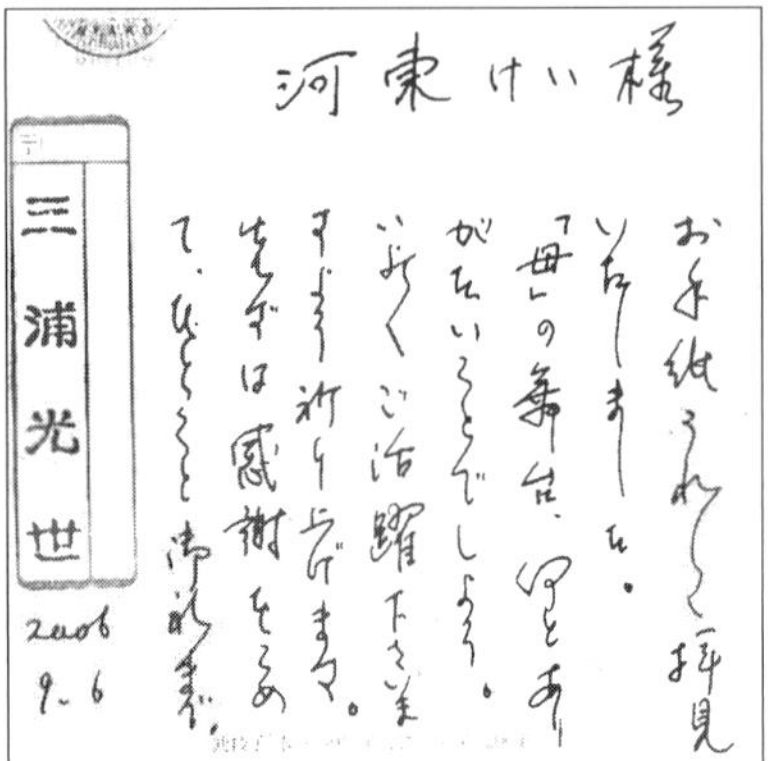

— 中国へ招聘ときいて —

今年は「河東けいひとり芝居『母』北海道公演」と銘打って、小樽・札幌・旭川の公演が企画された。私はその話があった1月末から、大いに楽しみにその日を待っている。既に世を去った妻綾子も同じ想いであろう。同時に、その舞台が何の支障もなく、成功裏に完遂されることを、私はひたすら祈っている。

—2003年5月—

ひとり芝居からひとり語りへ

この『母』がひとり語りになったのは2015年からである。河東の年齢をおもんぱかって、中島淳がプロデュースした。照明も装置もなしで、河東の語りだけで聞かせるというシンプルなものだけに、気が抜けない。

「私はただ自分が感動したことを伝えたいと思ってやっている」

「技術よりハートや」

観客に伝えたいことを伝える演技、自分の中に伝えたいことを確実につかんでないと伝わらない。一回一回新しいその舞台に全身をつぎ込んでいく。体は動かさないが、河東は全身で言葉を表現している。伝えたいエネルギーがほとばしる。演じる河東と聞き入る観客の両方で作っていくのがこの舞台だ。「おやこ劇場」で観にきていた男子中学生の「あの人が小林セキさんだと思った」という言葉は最大の誉め言葉ではないだろうか。

「戦争を知らない世代の方にも、できるだけたくさんの人に見ていただきたい、聴いていただきたい」

「『母』は私のライフワーク」

と言ってはばからない。

5月の奈良公演に参加した一人の男性がＳＮＳに次のような一文を載せている。

人は朗読という特異なジャンルを確立させた。

なぜ？

幼い頃、父や母が読んでくれた絵本の世界へのノスタルジー？　あるいは声のもつ説得力に身を委ねる快感？

そんなことを頭の片隅でグダグダ考えながら、河東けいさんのひとり語り「母」を聴きに、いや、観に、いやいや、体験しに奈良を訪れた。

あのプロレタリア文学の金字塔「蟹工船」の作者・小林多喜二を産み育て、生涯を見守り続けた母親の回想だ。ともすれば自由のために闘ったペンの戦士のイメージがある多喜二の、息子としての、人間としての、一人の若者としての生き様と死に様が、愛する人の目を通して語られていく。そのぬくもり、そのはにかみ、その喜び、その哀しみ、その悔しさ、そして、その誇らしさ。母であるがゆえに選ばれた言葉の数々に、聴くものは逐一深く頷く。

そして齢91の河東けいさんの存在は、そこに欠くことのできないものだ。主人公と歳が近いということが、よりリアルさを醸させる面もあるが、それ以上に、彼女の声は語りの向こうに、くっきりとシーンを浮かび上がらせる。そのパワーは圧倒的だ。これを表現力というのだろうか。

ドラマ「朗読屋」に「朗読をなめるな!」というセリフがあった。まさにそのとおり。

読んで解するという脳の機能に封印をして、聴くことだけで文字で綴られた作品に触れる。そこに見えてくるのは、朗読だけでしか出会えない世界だ。

「母」の中国公演、韓国公演

『『母』は韓国と中国にだけはもっていきたい」という思いがあった。母の心境はヨーロッパより、アジアの人の方がわかってくれるだろうと思ったのである。

2005(平成17)年1月に大阪、京都、神戸の有志が、「日・中・韓芸術文化の架け橋実行委員会」(代表・平田康、事務局長・森本景文)を立ち上げ、社会的歴史的な共通の課題と認識を共有しようとした。幸いに、ひとり芝居『母』があるのだからこれを招聘してもらうことから活動を始めることになった。

そして、2006年9月、上海と北京に招かれ熱烈な歓迎を受けた。上海話劇芸術センター主催の「第6回アジア演劇祭in上海」は、韓国、ノルウェーなど7か国が参加する中で、河東の『母』は大変注目され、上海戯劇学院から多くの教授が観に来ていた。北京では芸術の東大と言われる中央戯劇学院の招きで、学生たちから熱烈な歓迎を受けた。河東の公演は学院内にあるブラックボックスという小劇場で行われたが、あまりの学生の数で入りきれず、廊下にあふれるほどの盛況であった。

『母』上海公演のとき。堀江ひろゆき（右端）、河東けい（右から二人目、末永直美（左端）。

引き続いて、2007年6月の韓国の「国際演劇祭」に招かれ、15日、16日に「母」を3回公演した。会場は、劇団DOMOの拠点シアターで観客の大半は大学生であった。現地コーディネーターの「大学生にとって90分集中力を持続させるのは難しいと思う」という危惧は全く無用であった。公演終了後、彼らは大拍手の後、河東を取り囲み、次から次へと感想と質問を寄せ、河東と通訳が30分近く立ち往生するほどの人気であった。

9　誇り高き女優と切磋琢磨しています！

ここで長年、河東とともに活動を続けてきた「関芸」の仲間の亀井賢二と門田裕から女優の顔と素顔の河東けいについて語ってもらおう。

「カメちゃん」こと亀井賢二は12期生、29歳の時、商社マンからこの世界に転身した。河東とはもう50年近い付き合いだ。亀井の入団当時、河東は『アンネの日記』の母親役で全国の中学・高校を飛び回っていた。新人の亀井はその裏方として巡演について回った。亀井は心のどこかで「子ども向けだけでなく、大人の芝居がしたい」と思っていたという。それから7～8年を経て、初めて河東けいという女優と一緒に仕事をしたのが、彼女の代表作『奇蹟の人』だった。亀井はサリバン先生の盲学校時代の先生の役を演じ、創立20周年の記念公演で好評だったので650回近くも一緒の舞台に立つことになった。

亀井が翻訳や演出を手掛けてからもう25年ほどが経つ。元商社マンで英語ができるので翻訳を頼まれ、そのホンを「関芸」で上演することになった。１９８５（昭和60）年の『ざまあみやがれ』である。彼自身も教師の役で出演もしている。その後、亀井は『月の海〜ダートムアの雪〜』『ベイビーラブ』など「関芸」で上演されてきた多くの作品を翻訳している。

「１９９１（平成３）年上演の、ぼくが翻訳し、瀬木宏康さん演出の『月の海』は、おけいさんと門田（裕）が夫婦役、僕がその奥さんに恋をするという三角関係の話です。朝日新聞が久しぶりに大人の芝居を観たと書いてくれた」という。

「おけいさんは結構、厳しい芝居を作られました」というのは、亀井や門田が出演、河東が演出した『ムッシュー・フーグ〜夜の霧に吼える子ら〜』、ポーランドの兵士とトラックに載せられ〝死の旅〟に行くユダヤの子どもたちとの物語で、重いテーマのこの作品は１９９０（平成２）年に阪急ファイブオレンジルームで上演されている。また山崎正和作の「言

『月の海〜ダートムアの雪』門田裕と河東けい、1991 年

葉～アイヒマンを捕らえた男～」も難しい芝居だ。門田裕と亀井が中心で演じ、河東が演出をしている。亀井はその後、『バーディ』『風が吹くとき』『クレア・ハリソンの生命』『ハツカネズミと人間』などたくさんの作品を演出することになる。亀井が翻訳・演出をした『静かに騒げ』は河東も出演している、亀井とはそうやって長年一緒にやってきた気の置けない仲間だ。好きなことを言い合う喧嘩友達でもある。2000（平成12）年に文化庁の「芸術家海外派遣制度」で、河東は3か月間アイルランドに行ったが、向こうでも芝居をしたり、舞台を観たりと「おけいさん、アイルランドでもエネルギッシュにやってたそうです」という。その間、亀井はイギリスへ観劇のために何度も足を運んでいる。

2006（平成18）年に亀井が演出した『請願』は河東と溝田繁との二人芝居、東京では草笛光子と藤木孝が演じている作品だ。この芝居で河東けいは、新劇フェスティバル女優演技賞を受賞している。

「ある時、『私、ヨーロッパでイギリスだけ行っていないからカメちゃんイギリスに行こう』って、イギリスで10日間一緒にお芝居を観ました。その間、喧嘩ばっかりしていました。『日常会話教えて』って言うので英会話を一緒にやりました。僕がホテルのスタッフと英語でやりとりしていると『私しゃべられへん。あんた、なんでそんなに誇らしげに英語しゃべるん？』って怒るんですよ。

『請願』溝田繁と河東けい、2005年

帰国してから劇団の仲間たちに話すと『想像つくわぁ、前世で二人は夫婦やったん違う？』。おけいさんが旦那で僕が嫁はんだって（笑）」

「ぼくの演出で、おけいさんが裁判の判事役の時『私、こんな長い台詞覚えられへん！』ってゴネるんです。でも、覚えさせました」。すかさず横から「覚えたんは私や！」と河東が叫ぶ。「ホンマぼくには暴力的なんですよ。でも尊敬していますよ」「カメちゃん、繊細な人やねん。だからすぐ傷つくねんなあ」と河東が言う。劇団の中での企画会議でも、「このことは、おけいさんだったらわかってくれる」という思いで話していることが多いそうだ。「思ったことをずけずけ言いあえる仲、そういう付き合いです」。お互い言い出したら譲らないからすぐに喧嘩に

『月の海～ダートムアの雪』

なってしまう。

亀井は河東を評して「表では日本を代表する女優として尊敬できる人、でも裏では『このおばはん！　どこまで人を傷つけたらすむねん』っていうのが僕の河東けい像です。演劇論、作品の傾向……言い出したら聞かない、いい意味で誇り高き女優ですね」。

河東の意外な部分もちらっと垣間見えた。長年の同志だからこそ見せる河東けいの素顔である。そう、その素顔が知りたかったのです。

亀井は関西芸術座『三十年のあゆみ』『五十年のあゆみ』などの記念誌の編集・制作に携わってきた。本書はこれらの記念誌をずいぶん参考にさせてもらっている。

一方、現在「関芸」の代表を務めている門田裕は20期生だから入団からもう40年になる。門田の入団当時、河東は代表作『奇蹟の人』で頑張っていた。新人の門田は裏方として一緒に全国を回っていた。20人くらいのチームで行動し、裏方は10名ほどだった。「いい作品の劇団に入れてよかった」というのが最初の感想だった。『月の海』という作品で河東と夫婦役を演じた。「演技については、おけいさんは厳しかった。僕が下手だったのですが。演出に関しても、いろいろ学ばせてもらいました」という。やがて門田も演出を手掛けるようになるが、「最初のころおけいさんについてもらって、20代のころはよく怒鳴られましたが、『そんなの当たり前や、若い時は鍛えなきゃ』と教えられましたね」と門田は穏やかに話す。

門田も1996（平成8）年の『ロンリーハート』、重松清原作の『青い鳥』、立川志の輔原作『歓喜の歌』、『チンチン電車と女学生～1945年8月6日・ヒロシマ』、『例えば野に咲く花のように』、『ロミオとジュリエット』など多くの演出を手掛けている。

2005（平成17）年に門田が演出した『反応工程』が新劇フェスティバル作品賞を受賞している。門田は「初めておけいさんを演出したときは緊張したものです。『おけいさん、ああしてください、こうしてください』と言うと彼女は笑顔で応えてくれました」。ここで亀井が「おけいさんは僕には厳しいが、門田には優しいですよ」と言えば、「カメちゃんとは夫婦役やってないけどこっちとは夫婦役やってる、だから仲がいいねん」と河東が切り返す。門田は梅田に一緒によく飲みに行った。「酔っ払ったおけいさんを自宅まで送って行ったことも何回かあります」。

劇団は過去には分裂の危機が何度かあった。道井、岩田、溝田の3人が劇団を引っ張っていた時代だ。「何しろ3つの劇団の合同で、大将が2人でしたから」「芸術至上主義の道井直次、岩田直二さんは中国一辺倒だった」。芸術性やイデオロギーの違いもあったのだろう個性の強い二人の演出家に対して、「もともと3つの劇団が一緒になった大所帯だ、せっかく合同したのだからみんなで一緒にやろう」と苦労人の溝田はじめ役者たちがみんなカバーして、分裂の危機を乗り越えてきたという。

『風が吹くとき』1999年

そして2017（平成29）年は「関芸」創立60周年の年。記念公演は聴覚に障害を持った高校球児たちが甲子園を目指すという、実際に沖縄であった話を基にした『遥かなる甲子園』。門田が演出しているヒューマンな作品だ。もう一つ、亀井が演出する『風が吹くとき』は核戦争の恐怖と愚かさを描いたコミカルなブラックユーモアである。

6月に河東に案内され、関芸の稽古場を訪れたとき、『風が吹くとき』のホン読みの最中で、門田と松寺千恵美の夫婦のやり取りを亀井が「ここはもう少し心配そうに」「ここは客観的に」などと指摘している。この作品は以前に河東も演じているから松寺は「おけいさんの前でやるのは緊張するわ」と言いながら稽古を続ける。9月にシアトリカル應典院で上演されたが、「核戦争の恐怖と愚かさ」とは、なんと、今の時代にぴったりのテーマであることか。

10 「チームK」で支えて

そして今——河東は間もなく92歳になる。
昨年（2016年）秋、私の所属している「新しい高齢者文化を考えよう」と死生学を研究している「NPO法人想像文化研究組織」の講座は「神戸からの文化発信」がテーマ。中島淳と一緒に会場の甲南大学で話をしてもらった。この講座は、前半約1時間は講師からの話題提供、後半は参加者と講師が平場でトークしようという会である。その中で、河東は『母』の一部を抜粋して17分程度の語りを披露してくれた。本来『母』は90分の物語である。「そんな短い部分では、うまく伝わらないのでは」という私の心配は杞憂に終わった。あっという間に物語の世界に引き込まれた参加者たちは、家族を思う母の想いに涙した。「すごい」とその演技力に感激した参加者からの「どうしてそんなにお元気ですか？　河東さんの健康法をぜひ聞かせてください」との問いに、「そんなものぜ〜んぜんありませんわ、食べ物だってち〜っとも気を付けてないし……」と、まことに拍子抜けするようなあっけらかんとした答えだった。

河東は食べ物には全く無頓着である。お酒も好きで誘われればいつでも飲みに行く。タバコも何十年も吸っていた。タバコはある時、「ポットやめた」という。90歳でペースメーカーをつける手術を受けたが、入れていることさえいつか忘れてしまっている。

河東は毎年の年賀状にその1年の自分の足跡を記している。もっとも年賀状と言っても出すのは春先までかかってしまうからいつも「寒中お見舞い」だ。２０１７年の場合、

「２０１７年1月5日（小寒）

寒中お見舞い申し上げます。みなさま、お変わりなくお過ごしでしょうか。私、昨年末から軽い肺炎で入院のため、賀状を失礼いたしましたが、さて恒例のこととして90歳の1年をふり返りますと——

1月　大阪女優の会　ワークショップ開催。
2月　祇園の町家で、能管とともに〝宮沢賢治〟を朗読。
　　大阪女優の会、DIVE演劇エキスポ初参加、朗読。
4月〜5月　入院、ペースメーカーを入れる。
6月　ひとり語り〈母〉上演、札幌・小樽公演。
7月　大阪女優の会公演〈あたしの話と裸足のあたし〉出演。
8月　全国高校演劇大会観劇（於広島平和公園）
　　札幌訪問・劇団公演〈ハツカネズミと人間〉観劇。
　　関俳協50周年記念パーティに参加。
9月　劇団大阪シニア大学で朗読教室を担当。
10月　ひとり語り〈母〉上演。神戸中央・須磨北・垂水親子劇場主催。及び甲南大学・元町凮月堂にても上演。
12月　同右〈母〉、伊丹、西明石にて上演。
今年も確りと佳い1年を歩みたいと願っていますが――
よろしくお願い申し上げます。遅ればせの賀状、ご挨拶です。　河東けい（西川紫洲江）

このような文面の賀状に一人ずつにコメントを加えて送った。2月末に自宅に訪ねたとき、300枚のハガキは、各地から届いた河東宛の賀状の束と一緒にまだダイニングテーブルの上に置かれたまま。3月もそうだったので、「あて名書きだけでもお手伝いしましょうか?」と言ったが、「毎年こんな調子だけど、自分でボチボチ書きますわ〜」。さすがに5月に伺った時にはもうハガキはなくなっていた。

しかし、このごろ、河東はとみに物忘れがひどくなっている。「怖いわ、だんだんと忘却の彼方やね」なんてつぶやく……。「物忘れ外来」にも行っている。

スケジュールはすべて大切な手帳によって管理しているから、行き先や時間は間違うことはない。その手帳にはびっしり毎日予定が入っている。大阪や尼崎で芝居を観る、神戸で映画を観る、「関芸」の集まり、三宮で人と会う……取材の時間を取ってもらうのに苦心した。「なんか家にいると、ダメになってしまいそうやねん。外に出るとシャキッとする」。だから予定を入れて、毎日出かけている。そういえば、神戸の新開地のアートビレッジセンターで、凮月堂《ふうげつどう》ホールで、尼崎のピッコロシアターでと、各地の催し会場やロビーで彼女を何度見かけたことか。その時はただ目礼を交わす程度だったが、最近、この本の取材が始まってからのこと、灘区の六甲道の駅近くの路上で向こうからやってくる河東とばったり、「どちらへ」「ちょっと大阪まで、知り合いがお芝居をやってるから観てくるわ」「気を付けてね」って振り返ったが、すでに後ろ姿を見せて去っていってしまった。なんとフットワークが軽い91歳！

河東ほどのベテランであっても自分の芝居のためにと様々な場に出かけていく。各地方での高校演劇、田中泯《みん》の場踊りが富山の寒村で展開されたときにも出かけている。田中泯は、「神戸芝居カーニバル」の催しで何度か神戸の港の突堤や六甲山頂の寺院などでも踊ったことのある、体全体で表現する独特の「場踊り」のダンサーである。最近は『龍馬伝』『ハゲタカ』などのテレビドラマ、朝ドラ『まれ』や映画『たそがれ清兵衛』『隠し剣　鬼の爪』などで個性的な演技を見せているが、河東は「やっぱり泯さんは踊りが素晴らしい」というのである。

河東のファンはたくさんいるが、とりわけコアになる人たちがいる。中島淳をはじめ、米川綾子《りょうこ》、飾森《しきもり》千代子、吉谷《よしや》真由美、足達有希、古川知可子らである。彼・彼女らは食事に無頓着の河東の健康を気遣い、朗読教室や何かの会の終了後は一緒に食事に出かけたり、河東の家で作って一緒に食べる。

中島は公演スケジュールはじめケアマネジャーさんとの連絡など、河東の生活全般に気を遣っている。ヘルパーの病院の付き添いの件、健康状態の把握も重要だ。時々河東の自宅に立ち寄り、食事を共にしている。仕事上のプロデューサーであり、母を気遣う息子のような一面も見せている。

米川綾子と河東の付き合いは古い。米川が伊丹のおやこ劇場の事務局長をしていた時、ちょうど低学年と高学年を分けて作品を選ぼうということになり。低学年用に『竜の子太郎』、高学年用にと選んだ作品が『奇蹟の人』であった〈128頁コラム参照〉。それからもう35年になる。今のように深い付き合いは神戸芝居カーニバルで『母』を取り上げてからだ。河東の公演のある時は、事前に当日の衣装や必要なものをそろえてスーツケースに詰めておき、当日取りに来て河東と一緒に会場に赴く。帰りも荷物を持って送り届けるなどのサポートをしている。このサポートは吉谷真由美もやっている。ある時、米川の携帯に河東から電話が入った。「どこかの駅でフーッと力が抜けてしまって、しんどい」と。駆け付けた米川は、河東がその日食事をほとんどしてなかったことを知り、以後、皆でいろんな理由をつけて河東と一緒に食事をとるようになった。

吉谷真由美は自宅で美味しいものを作ってよく持ってくる。河東の家の台所も勝手知ったもので、さっさと手順よく料理する。吉谷は夫の転勤で神戸に来てからまだ日が浅いが、河東の朗読教室の生徒の一人でもある。「けいさんは耳がよくて、それぞれの癖を的確に見抜いて、何回もダメ出しをされます。けいさんの滑舌のすばらしさ、良く響き、それでいて落ち着いた声が大好きです」「あんなにもチャーミングな笑顔ときれいなお肌に、ピンとした姿勢、その秘訣を知りたくて…」とその魅力を笑顔で語る。顔を覚えてもらって、一緒にいられることが幸せという、いつしか河東の大ファンになった。「ずっとずっと大女優で輝いてほしいから。私にできることでお手伝いできれば幸せ」と、『母』を一回でも多く演じてほしいと願っている。

足達有希は仕事をしながら芝居をしている女優の一人だ。朗読教室のことを聞き、あるとき仕事の都合をつけて参加してみた。「けいさんのチャーミングな人柄と、カッコいい渋い声にたちまち魅せられました。初めて一人語りの『母』に出会った時、小林セキさんが来られたかのように錯覚するほど、その世界に引き込まれました」。朗読会の後の食事会で、足達にとって大先輩女優の河東の話を聞くのが楽しみの一つ。「大学時代にかかわったことのある劇団の主催者が『関芸』にいたことのある人で、共通の人を知っていることもうれしかった」という。さらに、韓国の人の一人芝居を見に行ったらけいさんに出会い、帰りに寄った居酒屋で「『その場所、その場所の言葉で書かれた作品を読んでいきたいな』と語る90歳を過ぎてもなお旺盛な好奇心、意欲に驚かされました」と。

古川知可子は尼崎のピッコロシアターで広報を担当している。早逝した彼女の母の赤松比洋《ひよ》子と河東は親しい演劇仲間だった。（コラム192頁）母のことや芝居のことなど、飲み仲間である二人の共通の話題は尽きない。

飾森千代子と河東けいとの出会いも、20年ほど前、おやこ劇場での『奇蹟の人』であった。飾森は兵庫県こども文化振興協会代表理事という肩書きをもつが、『母』の語りを聴き「河東さんにきちんと朗読を教わりたい」とハーバーランド文化村の教室に参加している。「力を入れないのに前に出てくる。どうしたらそんなふうになれるのか、きちんと伝わる技術を学びたい」、それを子どもたちに見せる人形劇などに活かしたい」と言う。

河東宅での食事会は鍋あり、手巻き寿司あり、時には最寄りのスーパーや生協のお惣菜だったりするが、「ありがたいなあ」とニコニコ顔の河東を囲んでお酒も進む。中島、米川、吉谷、足達、古川、加えて能管奏者・野中久美子、演出家・戯作者・役者の瀑一人、女優・シャンソン歌手の埴生美伽子……。「おけいさん」を囲む輪はどんどんひろがっている。私はひそかに彼らを「チームK」と名付けている。もちろんKはおけいのK、遅ればせながら下戸の私も参加させてもらおう。お酒を飲んで、ポッとほほがピンク色に染まったおけいさんに会えるのは、なんとステキな時間であることか。

11 そして、今

高齢になった今も現役で活動する河東けいの周りには、彼女を慕い、彼女から刺激を受け、温かく見守る人たちが、まだまだたくさんいる。

切磋琢磨して芸を磨く亀井賢二、門田裕ら「関芸」の仲間たち、反戦への河東の想いを受け継ぐ金子順子、末永直美ら「大阪女優の会」の女優たち。

それから隣家の年下の義姉西川恵美子もその一人。恵美子はピアノの勉強でニューヨークに留学中、「グンゼ」のニューヨーク駐在の兄の一行と知り合って結婚した。帰国後、相愛女子大学で70歳まで音楽部のピアノ科の教授を務めた。在職中にリウマチを発症しているが、「ピアノを教えていた間は大丈夫だったのに、辞めたとたんに弾《ひ》けなくなった。不思議よね」と話す。夫の一行は84歳で旅立った。87歳の恵美子は不自由な体で河東のヘルニアや骨髄炎による足指の切断手術にも家族として付き添っている。

お互い必要な時以外、あまり干渉しあわない、ベタベタしたところのない関係を保ってきた。

これまで「しいちゃんとは生活時間が全然違うので、ゆっくり顔を合わす機会が少なかった」と言うが、「今一番よく会っているのよ」「義姉《あね》は病気がちだったから、兄が亡くなった時、私が支えなくちゃと思っていたのに、反対に私がお世話になっている」と、河東は殊勝な面持ちになった。兄や母がいたときは、クリスマスやお正月には一緒に食事をした。

「きりっとしていて、一本芯の通った人、女優としてのプライドがあるのよね」

とはいえ、母にとっては可愛い末っ子だ。恵美子は義母《はは》が「あのチビが……」というのを聞いたことがある。

その母トシは18年前に98歳で亡くなった。

恵まれた、敬虔なクリスチャンの家庭に育ち、その時代には珍しかった女子大を卒業、戦争で家屋を失うなど酷い体験をしたものの、家族は無事だった。女優としても良い作品に恵まれ、演出家としても活躍し、順調に人生を送ってきた河東けい。

そんな彼女は今、人生最大ではないかと思うほどのピンチを迎えている。1年前の心臓ペースメーカーの埋め込み手術、この夏の腹壁ヘルニアの手術、引き続いて骨髄炎による右足第二指の切断手術。放置すると足首、膝からの切断となりかねないというので、義姉や甥の判断もあって、いっときも早く手術を受けた方がよいということになった。10月中旬の宝塚栄光教会での公演を前に退院したが、この公演は台風21号の暴風雨の中を80名近い観客で、河東は退院から日も浅いにかかわらず魂のこもった口演を展開した。

頭脳明晰、名舞台を展開する一方で、日常生活の中ではひどい物忘れと闘っている。自身「忘却の彼方や」が口癖になっていて、その言葉は日を追って口にする回数が増えてきている。入院が長引くと余計に案じられる点であった。舞台で見せる迫力のある語り、朗読教室での的確な指摘、混迷する社会へのシビアな論評……このギャップの大きさに私は戸惑うばかりだ。

河東は公演が終了すると、スタッフとの打ち上げのおいしいお酒を楽しみにしている。次の公演に向けて英気を養ってるかのようだ。

一日でも長く、この「語り」を続けていきたい、河東自身の一番の願いであるが、それはたくさんの河東けいファンの、さらに河東を支援する人たちの切なる願いでもある。

10月上旬、入院中の河東を訪ねたときのこと、すでに手術直後に訪れたときの痛みはすっかりなくなっていた。

「なんか、退屈してて書いたのかなあ」机の上に病院からの連絡事項、手術の日程などを書いた紙の余白に何やら文章が書きつけてある。

「朝早く、パパを思い出す。どんなにわがままで自分勝手な娘であったかと。私はただただ申し訳なく、全部怒りを自分の胸に沈めて養ってくれ、女子大を出してもらったのに、いつまでも徒食している娘をどんなに心配しただろうか。パパ、ママ、申し訳ない、今から喜ばそうと思ってもオソイ。何であったか、パパ、ママをシバイに一度招待した時、とてもとても喜んでくれた。あゝ親孝行をしなかった私は本当に嫌な奴だ！　パパ、ママ、ありがとうございます」

女優一筋に65年。戦争の悲惨さを語り、平和を願って演じ続ける誇り高き女優。その深奥をかすめた一抹の寂寥《せきりょう》の想い、河東が初めて見せた心の内に胸が熱くなった。

が、すぐに「足の指一本のことやんか、な～んてことない」と歩いてみせた。

河東けいのいつもの屈託のない笑顔に戻っていた。

コラム

日韓演劇祭『小町風伝』の成功

堀江　ひろゆき
劇団大阪・演出家

２０１２年２月３日、日韓演劇祭『小町風伝』の初日、韓国を代表する演出家、李潤澤《イユンテク》は、至って上機嫌であった。評論家の西堂行人や作者の太田省吾の夫人が観劇、それに予想を超える一心寺シアターを埋め尽くした観客の反応から手応えを感じたのだろう。

日韓演劇祭に先駆けて、日本演出者協会の李潤澤ワークショップを開催した際、交流会の席上、河東けいを紹介したところ、潤澤が「あの人を使って『小町風伝』をやりたい」と言いだした。日韓演劇祭の形を考えていた時だけに、太田省吾の伝説的な舞台『小町風伝』を、李潤澤演出、河東けい主演は、絶好の取り組みになると確信した。こうして河東けいを中心に23名の俳優とスタッフによる日韓の演劇人による共同作業が始まった。

韓国からは演戯団コリペの中枢メンバー７人が参加。マンションを一か月借り、生活用具を全て持ち込み、日韓の共同生活を通して、お互いの違いを共有する作業の開始である。凝縮された時間と空間の中で、対立もあり、身内の不幸などで降りていった役者もいて、日韓の交流の厳しさを目の当たりに感じることができた。潤澤の演出は太田省吾が描いた「死生観」でなく、韓国の生に力点をおく「生死観」で、エネルギッシュな舞台を河東けいの存在感と共に描く中で成功させた。これは演劇史に残る名舞台として記憶に刻まれると思う。

初日の潤澤の上機嫌は、この一か月の河東けいとの対決の結果を物語っている。

それは、その後の韓国公演に発展し、毎年開催される密陽《ミリャン》国際演劇祭への異例の招待公演につながった。韓国で最も暑い密陽、40度を超す炎天下の野外劇場での公演は過酷を極めた舞台ではあったが、87歳の河東の凄まじい演技に圧倒された観客のスタンディング・オベーションは、潤澤の凱旋公演になった。

『小町風伝』の小野小町が、河東けいの代表作となった瞬間でもあった。

堀江ひろゆきプロフィール

1942年東京生まれ。劇団大阪演出家。「エリアンの手記」で十三夜会賞受賞。「教員室」「谷間の女たち」「臨界幻想」などで多くの賞を受賞。2003年「大阪女優の会」創立、15年目を迎えた。

コラム

「知可ちゃん、ちょっと一杯行こか?」

古川　知可子
ピッコロシアター

どこかの劇場でお会いしたり、おけいさんの芝居がハネた後など、そう声をかけられると、「待ってました!」とばかりに、尾っぽをブンブン振ってお供する。おけいさんも私もお酒が大好きだ。芝居の話をアテに飲むのが、なにより好きなのだ。

「最近、何かオモロイもん観た?」から始まり、過去の舞台や演じた役のこと、演劇界の重鎮たちの武勇伝や若かりし頃のエピソードまで、お酒の進むオモロイ話が、おけいさんの口から次々飛び出す。おけいさんの瞳はキラキラ輝いて、色白の頬がピンク色に染まる。私が言うのもおこがましいが、とても色っぽくて可愛らしい。

私は、おけいさんと仕事をご一緒したことはない。こうして親しくさせてもらえるのは、母の存在があるからだ。

私の母は働きながら大阪で長く演劇活動をしていた。十数年前になるが、島根県八雲町で開かれた「八雲国際演劇祭」に、母はおけいさんと二人で参加した。地元の民家にホームステイしながら、各国の芝居を観ては交流する数日間が、いかに刺激的で楽しかったか、やはり左党の母が、おけいさんとよく飲み、よく話した島根の想い出を、いつになく熱く語ってくれた。

その母が、ほどなくして他界した。そんな訳で、おけいさんは、今でも「ヒヨコ（母の愛称）がいたらなぁ」と言ってくださる。突然逝った仲間を惜しむ気持ちと、気の合う〝飲み友〟を懐かしむ気持ちから、「知可ちゃん、ちょっと一杯…」と、なるのかもしれない。ありがたいことだ。

母に勧められて20代で観た『母』はただただ悲しく、40代で観た時は亡母を重ねしみじみ泣いた。数年後、50代で『母』を体験するのを楽しみにしている。

演劇の世界に導いてくれた母はもういないが、おけいさんという人生のお手本に出会わせてくれたのだ。

古川知可子プロフィール

近畿大学文芸学部芸術学科卒。兵庫県立芸術文化センター推進室を経て、２００３年から兵庫県立尼崎青少年創造劇場（ピッコロシアター）勤務。

現在、広報交流専門員。母親は、劇団きづがわ演出家・赤松比洋子（故人）。

コラム

けいさんのあやつる言霊《ことだま》

野中　久美子
能管奏者

能管は切り裂くような響きが身上である。元来が能の笛で、能の謡とは親和が高いが、謡以外の歌物や朗読とは、共存することの難しさに苦心することがある。互いが表現の奥行きを増すような共演を目指しながらも、能管ならではの相乗効果と言えるところまで演奏できたか、自問することもしばしばである。

けいさんとは２０１１年以来、幾度も共演させてもらって、けいさんが発する言葉の力に全幅の信頼を寄せて、冒険を楽しむような舞台が何度も実現した。能管の個性を受けとめて共に楽しんでくださる俳優であり朗読者だと私は思っている。

不遜な言いようだが、声の良さだけ、あるいは何となくそれらしい雰囲気を作って、朗読したり演じたりしている、と思わされる公演もあるなかで、けいさんの舞台には毎回、一文字・一単語も揺るがせにしないガッツ（肝）と言うか背骨と言うか、「実」を感じてきた。

５年前からけいさんの朗読教室がハーバーランド文化村で開講され、私も都合がつく限り参加している。言葉はオンであり、そのオンに意味が籠められた生きものとも言えよう。ほんの小さな接続詞と思って何気なく読んでしまう「そして」、さらっと通り過ぎる「そんな」などなど、小さく思えた言葉もけいさんが読むと体温をもって生き生きと動き出す。

私の公演でけいさんに中島敦の小編を読んでもらったことがある。漢学の素養のない私たちには、朗読を聞いて全ての言葉の意味を即座に理解するのは難しい作品だが、けいさんが発するオンだけで、言葉の意味が聞き手に伝わっているのが見えた。文章の意味を突き詰めた上で表現するけいさんなればこそ、言葉に宿る意味が響きから滲み出したと思える朗読であった。

けいさんの演劇人として、戦争体験者としての気迫に、時に圧倒される私だが、そのお茶目な人柄と共に演ずる側にいられることは、自慢したい気持ちである。

野中久美子プロフィール

京都市生まれ。『風迢舎』主宰。1986年、国際基督教大学（ICU）教養学部卒業。能管を松田弘之（能楽笛方森田流）に師事。独奏のほか、世界の様々な楽器や舞、朗読との共演も行う。富士山五合目、屋久島縄文杉、下鴨神社糺《ただす》の森などの野外での演奏や神社寺院での奉納演奏も数多い。海外でも度々公演を行う。近年は、能管のもつ身体性や情動性、力感などの楽器の特性を生かした新しい作品を創作している。2015年のミラノ万博では日本館で行った風迢舎ライブが好評を博した。

公式サイト http://fuu-chou-sha.jp　公式フェイスブック「野中久美子 風迢舎」

コラム

「芝居やっててよかったなあ」

中島　淳
神戸芝居カーニバル実行委員会事務局長

「舞台だとフレームが大きいでしょ。なんかボーンといくと全部のお客さんが見てるでしょ。テレビはカメラがあっちこっちから見てる訳でしょ。その計算をしなくちゃいけないでしょ。二重三重に神経を使わなくちゃいけない。それが窮屈で」

1976年の秋、『季刊　兵庫のペン』第3号（JAN 1977）のインタビューが最初の出会い。当時河東さんはNHKの朝ドラ「火の国に」（1976年10月4日～1977年4月2日）に桜井ふみ役で出演されていた。

関西芸術座（関芸）でやられた芝居で何がよかったですか、と僕が尋ねると、

『アンネの日記』がそういえるかな。アンネとペーターの最後の場なんか、みんなシーンと観てるでしょう。なんかスーッと一体になって舞台で涙が出そうになった、感動して。ああいうのは、めったにないわ。千載一遇の何かを求めてやってるみたい。その時の感動いうたら、やっぱり忘れられないし、それがあるから止められないんよね。その時は信じられるものね。他人とものを創るというこ

とが……」

これからはどんなものを……

「モノローグドラマ。長い間やりたいと思っていたものは、マクベス夫人とブレヒトの『肝っ玉おっ母』」以上が河東さん50歳のとき、僕36歳のときの初取材である。

1992年5月に第一回神戸芝居カーニバル「1992ひとりしばいの芝居展」を開催すると同時に、僕は、ひとり芝居の新作を上演しなければならないと考えた。河東けいさんと吉行和子さんに、新作とその初演を神戸芝居カーニバルでやらせていただきたいと伝えた。翌年の「第二回ひとりしばいの芝居展」で新作初演が実現する。大間知靖子さんの作・演出で吉行さんの『MITSUKO　ミツコ―世紀末の伯爵夫人』5月27・28日（シーガルホール）、三浦綾子原作、ふじたあさや脚色・演出で河東さんの『母』6月19・20日（神戸市立博物館地階ホール）である。

ひとり芝居『母』を封印してひとり語り『母』に切り替えたのは、河東けいの至芸を一人でも多くの方に観て（聴いて）いただきたい想いからであった。ひとり芝居は、スタッフが4~5名と簡素とはいえ舞台装置の持ち込みが必要で経費もかかるので、国内外の演劇祭で呼ばれる以外は手打ち公演になるため各地で公演というのは厳しい環境にあったのは事実である。加えて河東さんの体力（ペースメーカーが埋め込まれている。人工膝関節である）と会場を選ばないフットワークの軽さを求めて、ふじたあさやさんに「ひとり芝居」と同じ90分の「ひとり語り」の脚本を書き下ろしていただいた。「ひとり語り」の初演は、2015年5月31日灘区民ホールである。

2016年10月から毎月2公演を目標に制作に取り組んでいる。この中で河東さんに困らされるのは、疲れが出たときの「生きるのしんどいなぁ」、食事をしていないことを注意すると「食べるのめんどくさい」。でも飲んでる時は嬉しそうなので助かる！　この9月27日に右足の第二指を骨髄炎のために切除術を受けられた。復帰公演は10月22日の宝塚栄光教会である。

中島淳プロフィール

1940年大阪市生まれ。宝塚市在住。生命保険会社勤務の傍ら、1975年季刊『兵庫のペン』編集委員会結成に参加し事務局長（1999年第63号で終刊）、1992年にひとり芝居、一人芸をプロデュースする神戸芝居カーニバル実行委員会を結成し、事務局長として今日まで主催事業は200を超える。「芸と人間性を自分の眼で確かめてから招く」が主催者としての信念。架空通信テント美術館展事務局長、亀井純子文化基金事務局長、神戸文化支援基金理事を歴任。神戸東灘文化協会を立ち上げ初代事務局長、現在は幹事。

［参考文献］

茨木憲著『日本新劇小史』未来社、1966年
戸板康二編『対談　日本新劇史』青蛙房、1961年
日本演出家協会＋西堂行人編『演出家の仕事　60年代・アングラ・演劇革命』れんが書房新社、2006年2月
日本演出家協会編『戦後新劇』演出家の仕事②、れんが書房新社、2007年5月
日本演出家協会＋西堂行人編『80年代・小劇場演劇の展開』れんが書房新社、2009年10月
小山内富子著『小山内薫　近代演劇を拓く』慶應義塾大学出版会、2005年2月
『五十年のあゆみ』関西芸術座、2007年
『三十年のあゆみ』関西芸術座、1987年
新藤兼人著『杉村春子　女の一生』岩波書店、2002年
野坂昭如著『アメリカひじき・火垂るの墓』新潮文庫、1972年1月
中村正則・森武麿編『年表　昭和・平成史』岩波ブックレット、2012年7月
『三浦綾子全集』第14巻、主婦の友社、1995年4月
続・御影町史編纂委員会『続・御影町史』御影地区まちづくり協議会発行、2014年8月
『阪神間モダニズム』展実行委員会編著『阪神間モダニズム』淡交社、1997年10月

資料①「関西芸術座」誕生まで

1940（昭和15）年、東京の「新協」「新築地」とともに、大阪の「大阪協同劇団」は解散した。いや、正確には大日本帝国主義という権力が、弾圧し、強制解散させたのである。そして、四散した関西の新劇人は相集うことなく、戦後になっても、個々の活動はあっても、強力に集合することができなかった。したがって、東京のように、敗戦の1945（昭和20）年に「桜の園」で新劇合同公演をして、戦後再出発を誓ったようなことはなかった。

まるで違ったところから、今まで青春を抑圧され、軍国思想を強制させられた学生層が、自由への解放が噴出したかのように、文化運動として、関西の新劇を芽生えさせた。その意味では、純粋なアマチュアからの出発だった。

その運動は、1945（昭和20）年の末に生まれた「炉辺クラブ」で、関西の大学、高専の学生の有志が、自発的に組織したものだった。この組織は、文芸部、美術部、音楽部などに分かれ、その一つに、演劇部があったのである。

しかしこの「炉辺クラブ」も、半年とは続かず解散し、1946（昭和21）年には、京都大学や大阪外語の学生が中心の「知性座」と、大阪大学付属医専と大阪府立女専の有志からなる「学友座」と、主として関西学院系の「前衛座」の三劇団競合の時代に入る。「知性座」はアカデミズを、「学友座」は社会主義的レアレズムを、「前衛座」は芸術至上主義を標榜した。

1947（昭和22）年の暮れに関西新劇合同公演が行われ、前記3劇団のほかに「大阪放送劇団」なども加わり、「罪と罰」を上演し、これを機会に、1948（昭和23）年「劇団芸術劇場」が創立し、職業的専門化を目指した。そして、「ロミオとジュリエット」の合同公演によって、一部の戦前新劇人が指導していた「大阪芸術座」を併合した。

かつての「前衛座」の主流は、合同公演には加わらず「グループ・テアトラーズ」を経て、1948（昭和23）年に「青猫座」を創立。また、同年、早くも「劇団芸術劇場」を脱退した数名が、「制作劇場」（のちに「制作座」）を創立。さらに「劇団芸術劇場」も間もなく解体して、1950（昭和25）年に「民衆劇場」が創立した。「青猫座」は芸術至上主義を、「制作座」はアカデミズムを、「民衆劇場」は社会性のある大衆的な演劇を標榜した。

ついで、「大阪放送劇団」にいた人たちが、いろいろな動きを示してゆく。1951（昭和26）年には「大阪小劇場」が、1953（昭和28）年には「かもめ座」が生まれ、この二つの劇団が合同して、1955（昭和30）年に「五月座」を創立、民間放送の普及に適応して、劇団の専門的職業化をはかってゆく。

そして、「青猫座」を除いた「制作座」「民衆劇場」「五月座」（はじめは「大阪小劇場」「かもめ座」）の劇団で、「大阪青年演劇人クラブ」を組織し、1953（昭和28）年から毎年一回恒例として、合同公演を実らせてゆく。

その実りのなかから、各劇団の苦しい状況を打ち破っていくためには、また、関西の新劇を専門的職業的に自立させてゆくためには、個々の劇団の狭い芸術主張を棄てて、合同という大きな視野に立たなければならないことを話し合い、1957（昭和32）年、日本の新劇史の中でも画期的な壮挙に出た。これが「関西芸術座」の誕生である。

（この「関西芸術座」誕生までの経過の文章は記念誌の『三十年のあゆみ』『五十年のあゆみ』にも掲載されている。関西芸術座誕生までの貴重な記録となっている）

資料②《新劇不毛》と言われた上方、大阪の六十年
関西芸術座を支え推進した『岩田直二・道井直次』二人の軌跡　河東けい

関西の戦後の新劇を支え推進した人といえば、関西芸術座の創立メンバーの中心にいた『岩田直二・道井直次』の両名である。

（もう一人、戦前から地道に筋を通してこられた劇団潮流の『大岡欽治』がいるが、ここでは前二名に焦

点を合わせる。―文中敬称略―

1945年8月以降は、復員者・戦前演劇人たち、復学した学生たちが活躍したが、関西芸術座を立ち上げたのが、57年であるので、それ以前の紆余曲折の各人の軌跡をまず述べたいと思う。

私・河東けいは45年終戦時は疎開先、46年からは復学して東京に在住、関西に戻って演劇に目を向けたのが51年頃なので、初めの部分は岩田・道井らの記述に基づく。

私が演劇を志した頃、関西、東京双方の先達たちは一様に「新劇は喰えないからやめろ」と、今も変わらぬ現実を言われたが、同時に「大阪は新劇不毛の地だ」とも諭された。道頓堀五座に明け暮れ通って育った岩田・道井に聞くまでもなく、大阪は歌舞伎、人形浄瑠璃、大衆芸能が盛んで、新しい演劇は未熟でもあったろうが、浪花特有の保守性に阻まれたのか、大阪人の欲する娯楽性に遠かったのか……。

岩田直二／中学時代、15～16歳から、当時華々しい労働運動に呼応したプロレタリア文化活動に触発されての、文芸誌や芝居、非合法のビラ撒きなどをした。32年大阪商大のとき検挙され40日間の拘留、復学後、学生演劇に関わり、35年結成の「大阪協同劇団」に加わる。これより厳しい言論統制の中を生き延びるために、芸術性追求の名目で東京の「新協劇団」結成に見習ったもので、おかげでかなりの作品を手がけられたものの、ついに40年には解散。一時は新築地劇団の薄田研二に誘われて上京したが戦況悪化から大阪NHKに帰属。44年末、丙種で兵役従事、中国にわたりソ満国境から朝鮮近くで銃を使うことなく敗戦でハバロフスクの収容所に入り、47年幸運にも帰国した。

道井直次／岩田より十一歳若いが、幼少より祖父母と道頓堀通いという岩田と同体験を持つ。短期間の劇団参加はあったが、軍事訓練、豊橋の陸軍士官学校見習士官と否応なく進み、内地勤務のまま終戦を迎える。

大阪の戦前演劇人は、戦争末期には「新国民演劇協会」を国策的に作らされたが、集団的動きはなく長続きもせずバラバラになったと聞く。東京ではそんな時代でも勉強会で連帯し、移動公演で創造姿勢を保ち続け、それが戦後の新劇復興の基盤になったと聞く。

大阪では戦後の活力は学生たちにあり、戦前演劇人もそれぞれに動き出してはいたが……。

岩田は47年1月に復員。戦前演劇人たちの大同団結には組みせず、戦前より所属の「大阪放送劇団」に戻り、劇作・演出・演技・組織づくりと大活躍。たちまち劇団の中心的存在となる。

道井は46年1月から「炉辺クラブ」で出発。外大フランス文学科、京大イタリア文学を経たため西洋演劇への思考も深く、やがて「知性座」、多くの学生演劇人と歩みだす。当時を「社会と対決しないところで芸術的実験を試みようとした」と述懐しているが、いずれの劇団も若く意気軒昂だったと推測する。

第一回目の合同「劇団芸術劇場」創立

47年11月、朝日新聞厚生文化事業団主催で岩田演出《罪と罰》の合同公演。〝既成演劇人と青年演劇人の協力されたもの〟となった初の新劇合同、この成功が「劇団芸術劇場」となる。

劇団の活動は多様で道井も大活躍し、48年には今も語り草の総勢150人出演の〈ロミオとジュリエット〉を、演出に土方与志を迎え、自らもロミオを演じた岩田の主導力で成功させた。道井はその上演を待たず「職業化への疑問、および若い自分たちの力で創造したい」との理由で岩田の慰留を退け退団した。その後、劇団は徐々に経済的に窮乏、思想の急進化への疑問などなど、60名の団員は激減した。

道井は48年~50年にかけて「制作劇場→制作座」を創立。フランス古典喜劇、日本近代劇、さらに古典、近代古典と精力的に公演。サラクルーの紹介・本邦初演を果たす。

岩田は、朝鮮戦争の激化によるレッドパージで放送劇団も追われ、49年退団、「京都芸術劇場→劇団京芸」の創立に参加。〈一週間の記録〉をはじめとした劇作と演出で〝働く者の劇団〟の中心となる。53年には老舎の〈北京のどぶ〉で、関西で初めての東京公演、そして各地の公演と、京芸の代表作を作った。55年には退団、大阪に戻りＮＨＫ、民放の仕事を主に大阪の劇団に関わるようになる。

第二回目の合同「民衆劇場」創立

50年、劇団芸術劇場に残った若者は戦前演劇人、元タカラジェンヌに呼びかけ、再度の大同団結「民衆劇場」を創立。創立公演の藤森成吉〈若き日の啄木〉は大岡欽治・阪中正夫の共同演出。〝商業主義に妥協せぬ、大衆の生活を反映した民主主義的現代劇を〟と出発。専門的職業劇団の確立のため工場移動公演を積極的に始めたが、53年の〈守銭奴〉の時には再び若者たちだけになっていた。河東は52年に入団した。

大阪労演と地元劇団

大阪労演は49年設立。地元劇団の発展にも力を注ぎ、53年に第一回大阪新劇合同公演「青年演劇人クラブ」と銘打って、土方与志総演出で、魯迅〈阿Q正伝〉を岩田・道井ら4人の演出家が各場を担当。54年には福田善之、藤田朝也（ふじたあさや）共作〈富士山麓〉を岩田・道井が初共同演出。55年、中西武夫演出〈街の風景〉。これを機に各交流が高まり、大阪に戻った岩田を中心に「五月座」が結成される。56年、小幡欽治作・岩田演出〈畸形児〉、村山知義作・中村信成演出〈週末の刻〉と続いた。

第三回目の合同　「関西芸術座」　1957年創立

制作座の座員減少の頃には、民衆劇場の俳優が客員、交流した。一方「私は合同の道ばかりを考えている。私が演出家だからか、役者の層を厚くして、よりよい芝居を提供したいからだ」という岩田の努力で、かつて京芸と移動公演を共にした民衆劇場は、こんどは五月座と移動公演を共にして交流を深めた。結果は必然的に「大阪でより規模を大きくより優れた作品を生む、確固たる専門的職業劇団をつくろうではないか」という一点に絞られ、ようやくここに民衆劇場・五月座・制作座合同の「関西芸術座」が誕生した。

岩田と道井は再び同じ場に立った。関芸創立は大ニュースであったが、陰の俳優たちの願いと結束は強かった。座員87名、特別劇団員として作家4名、照明家1名の出発となる。

1957年5月、M・フリッシュ〈そら、また歌ってる〉岩田演出で創立記念公演。続いて秋、藤本義一〈虫〉を道井が演出。10月、同じく藤本義一〈つばくろの歌〉を岩田が演出。12月スタジオ公演、小作品3本公演に、道井は大橋喜一〈神無月〉、岩田は田中澄江〈京都の虹〉に出演している。大作続きの成功は、若い演出家をも奮い立たせ、全員が燃えていた。

当時は演劇教育機関などなかったが、関芸以前に、スタニスラフスキーという人は、〝一杯の水を飲むにも自分があると信じなければ嘘の演技になる〟と指導したということから、私たちは真剣に〝在るか、信じたか〟と自問しつつコップを上げ下げしたものだが、それを伝えたのは岩田である。

岩田はすでにNHKで声優としても舞台俳優としても認められていたが、そのシステムにある人間性の解放と創造の確かさに注目していたと思われる。まだ若い未熟な私たちに学ばせたかったが浸透はせず続かなかった。が、岩田のリアリズム追求は、各人がとことんまで役の人物の内面に分け入って掴む、を真実として良しとした。頑として粘るに粘る岩田に喰らいつく俳優は「アカン、違う」だけの言葉に挑戦しているうちに、ある時ふっと自然体で演ずる自分に気付くのだ。

もともと各劇団とも、自分たちの好きなように演じて良しとしてきた傾向があり個性的であった。合同後も劇団毎の色合いが強く、最低の一致点を見出すための努力からスタニスラフスキーだのブレヒトだのと右往左往したが、そんな議論よりも〝その人物の心を捉えて演ずる〟という過程では、岩田の迫り方は、自分を解放して本質に近づくことの厳しさとして信頼が厚かった。

道井は演技者が豊富になったことから、その役柄に合った配役で次々と上演した。大阪天王寺村の芸人たちと新しいテレビ界との葛藤を描いた藤本義一〈虫〉に続いて、戦時下、学問の自由をめぐる対立を描いた福田善之〈長い墓標の列〉、モリエール〈守銭奴〉、阪中正夫追悼公演〈馬〉、藤本〈鎖のひとつの環」、60年安保の年には安部公房〈石の語る日〉、中国に材を取った山崎正和〈呉王夫差〉と当時の作家たちの大作を打ち出し、片や藤本義一子ども劇場のためのバルビュレ〈少女と野獣〉、ミハルコフ〈乞食と王子〉、同時にアヌイ、アルブーゾフ、チェーホフなども手懸けている。

岩田も子ども劇場にマルシャーク〈幸福はだれにくる〉、ミハルコフ〈うぬぼれうさぎ〉を取り上げ、イプセン〈野鴨〉では大阪府民劇場奨励賞、日日新聞新劇最優秀賞を受賞。大橋喜一〈禿山の夜〉で戦争の空しさを、藤本義一〈トタンの穴は星のよう〉では漁場を失っていく漁師一家、小堀釟男〈渦〉で勤評問題に苦悩する教師たち、東川宗彦〈牛〉で農村近代化の荒波を喜劇にと、現在の職場、生活を基にした創作劇を次々に上演、受賞も重なったが、そのピークが、61年はじめての全国労演公演を果たした。郵便局貯金課の現場を活写した東川〈はたらき蜂〉。62年の5周年記念公演も含めて、全国の労働者を笑わせ勇気づけた。続けて在日朝鮮人の歴史的環境からの苦難と再生を願った、こばやしひろし〈湿地帯〉。これもまた全国労演を回り、この年の観客支持率全国一。そして二作品ともに受賞した。その間には、岩田が言う北京三部作、ひとつは京芸時代の老舎〈北京のどぶ〉、59年おなじく老舎〈北京の車夫〉、64年〈北京の茶館〉と上演を果たしている。その他にも二人は、他の若い演出家に交じって、スタジオ改名の水曜劇場公演や新劇団合同公演など目覚ましい活躍であった。

この当時の社会状況はせっかく得た人間の自由、創造、尊厳をも損なうほどに変化しだした。必然的に私たちの関心は、岩田の描く〝現代の矛盾点への提言〟へと傾いていった。当時〈はたらき蜂〉の評価を巡って、劇団員は何回も討議を重ねた。労働者側の視点でしか描かれていない、単純に組合が闘争し勝利に終わるだろうという幻想、人間が一面的に描かれた闘争劇に過ぎないなどの否定側、いや今の日本の職場の現状から働く者の理想を謳いあげた見事な喜劇だという評価の側と平行線は続いた。

こんな状況の前後には、水面下で分裂の話が動いたようだが、俳優たちの懸命な努力で第一の難関は何とか通過することができた。

岩田・道井を中心にした芸術論争は、劇団員にとって良い体験となり、私たちは徐々に鍛えられていったのである。

60年代、労働運動は揺らぎだした。63年のＴＶドラマ「ひとりっ子」は、次男の防衛大学入学を一家の名誉として祝う父親や親せきに向かって、戦死した長男の轍を踏ませまいと必死に反対する母親の話だが、放送前夜に得体のしれぬ妨害から放送中止という事件となった。民放労組は言論の危機として、関芸の舞台版、家城己代治・寺田信義〈ひとりっ子〉を全国上演として応援したが、すでに各地の職場の担当者の努力は大変だった。当時の有名な三井三池闘争も長い交渉期間に入り、高度経済成長時代への変化は徐々に観客層にも、内容にもその数にも及んできた。

岩田は隣国の朝鮮・中国への関心も深く、中国側の演出家、作家の来団交流もあったが、63年には日中友好協会の地方文化代表団の一員として、訪中、以後5年ごとに7回ほど訪中している。が、60年安保以後の日本の民主的状況の複雑化の中で演劇界での方向性の論争や、中国の政情改変による日中間の齟齬など、様々な問題が劇団内の分裂をも巻き起こしかねない時期を経た。

そのピークが73年の関西新劇人有志の訪中であった。それを進めたのは他劇団としても、劇団内の推進者は岩田である。岩田批判も強く、他からは〃大阪的ナレあい〃と手ひどく陰口もされたが、関芸創立の理念と舞台を通して得た人間的信頼は強かった。

私たちはかろうじて第二の難関も克服したが、岩田はその逆境にある間も宇津木秀甫〈米どころの報告〉、内田昌夫〈タービン工場〉、〈北京の茶館〉、十周年記念公演の多田俊平〈政商伝〉、東川〈仏さわぎ〉、ふじたあさや〈日本の言論1961〉、その他子ども劇場・小劇場とともに精力的に演出した。カイザー〈兵卒タナカ〉の後は、近代古典を軸に眞船豊、泉鏡花、鈴木泉三郎、武者小路実篤、三好十郎、〈谷崎潤一郎などの作品を手掛けていく。同時に劇団外では「原点の会」公演、放送劇団、京都赤かぶ座、ホリホックアカデミー、五期会、獅子座などで演出活動を次々としたが、やがて、部落解放運動、朝鮮・韓国の問題に力を注ぎ、そこに材を求めたが、〈朝まで…〉は岩田作・演出は当時スパイ容疑のため、韓国で死刑宣告をされた徐兄弟と母の書簡集で、大きな反響を呼んだものである。岩田は終生、今起きている庶民の問題に焦点を当てたが、関西その他の知られざる作家、若い劇団や小劇場系の人々も取り上げ紹介した。東北岩手の河村光夫〈うたよみざる〉で人間の閉鎖性と差別の問題を、高賛侑作・柴咲卓三脚色〈オレたちのうた、キミのうた〉で日韓高校生の交流を、岡田なおこ原作〈薫Ｉｎｇ〉では身障児を扱ったが、その脚色の宮地仙を劇団内の作家として育てた。岩田は私たちの指導者であると共に、他劇団や若者たちの指導者でもあった。

道井の活動には独自の多様性があった。特に児童劇分野においては特筆の活動が続き、国際アンテジ会議にセンターの日本代表として参加している。その折のフランスの作品〈猫のダンス〉を、水俣公害を扱う幻想的な舞台として日本に紹介した。道井は既にサラクルーを紹介し〈ルノアール群島〉などの東京公演も果たしたが、パリを中心に各国の演劇を見て歩く中、地方文化の独自性に注目、国内においては大阪の作家、大阪のシバイをよりいっそう大事にした。

まずは藤本義一の数々の作品、次にかたおかしろうとの共同作業〈牛鬼退治〉〈お化けの面をひんめくれ〉〈鬼っ子行進曲〉。そして関西芸術座の財産となった〈大阪城の虎〉。浪曲・講談・浄瑠璃語りなど古典芸能を進行の形で取り入れた。豊太閤の虎と庶民・非人である犬たちとの戦いの物語ですでに五演を果たす。劇団内作家としての柴崎卓三とは〈てのひらの詩〉〈またふたたびの道〉〈焼け跡お蝶始末記〉〈熊と呼ばれたあいつ　セザンヌ〉〈父さんとよばれないパパ〉などなど。同じく俳優である新屋英子脚色〈竜の子太郎〉、これも四演全国の子ども・おやこ劇場を回った。そして、田辺聖子作品との共同作業〈姥ざかり〉などのシリーズの五本は、大阪弁の家庭喜劇として各地労演を巡演した。さらに集大成の〈おかあさん疲れたよ〉は97年、ふじたあさやの脚色で昭和戦後史として、関西芸術座での最後の演出、奇しくもそれは創立40周年目であった。道井の俳優への注文は、大阪弁のニュアンスに徹底していて、その拘りは深かった。

関芸の付属演劇研究所は57年創立時に開校されたが、道井は初代所長、31歳。それから40年余りたくさんの若者が方々へ巣立っていった。全国の子ども・おやこ劇場運動、「演劇と教育」とも深くかかわり、全国児童青少年演劇協議会の委員長として、その運動の推進・発展に提言し組織する指導者でもある。大阪の高校演劇の審査歴40年で高演連から表彰もされたが、全国的に指導を仰ぐ人は多かった。80年代～90年代には、黒岩重吾〈西成山王ホテル〉、酒井寛〈一銭五厘の旗――花森安治の仕事〉、創立20周年では長谷川幸延〈桂春団治〉もあったが、そのほかに眞船豊〈遁走譜〉は秀逸と評された。道井は他劇団での演出も多く、後年、滋賀県民センターでの市民劇に力を注ぎ、その5作目に〈リリオム〉を〈プレイボーイ利ぃやんの華麗な生涯〉として構成演出し好評を得たのが最後の演出作品となった。

道井は優れた制作者として有名であった。

道井は言う。

「私がなぜ芝居を始めたかと聞く人がいるが、私は『歴史の必然』としか言いようがない。演劇は人世を説き、明日を導き真実を追求したいから、私はその良いところづくめに惚れて、踏み込み進んできた。私は大阪に生まれ、生きてきたことを誇りに思う」

岩田は80年代、劇団内の若手・池田幸太郎の脚色による水上勉〈地の乳房〉を取り上げた。

87年の30周年記念では、外部の若い書き手による公演企画の中で、矢田喜代子〈奈落の神々〉と組んだ。91年、喜寿の岩田を祝ってA・ウーリー〈ドライビングＭｉｓｓデイジー〉が企画され、出演者には同年輩の山村弘三と獅子座の高橋芙美子を迎えて演出した。

創立40周年記念の97年には、岩田念願の〈ロミオとジュリエット〉を演出。続けて99年には川﨑照代〈二人で乾杯〉を手がけたが、これが劇団での最後の演出となる。

２０００年には劇団京芸の50周年記念公演に、京芸の創立者として招かれ西口克己原作・尾川原和雄脚色〈文殊九助〉を演出。京都の演劇人をも含めた大々的で立派な舞台を創った。

岩田はその後も、劇団員の依頼で、関千枝子原作〈広島第二県女2年西組〉を脚色・演出。最後の闘病

2年の間にも、依頼されて〈大阪が燃えた・あの日私は〉などの脚色・演出・監修などと、太平洋戦争を検証し続ける私たちの創造を支えた。

岩田は言う。

「ただ芝居しかなかった。好きなようにやった、やれた、ではなく、やらしてもろた、と思うなア」と。そして「自分自身の思想を持たなあかん。〇〇主義や××的でなくな。そしていつでも観衆の中に入らなあかん。みんなが何を欲しがってるか知らんとな」

《新劇不毛》と未だに言われる大阪にあって、『岩田直二・道井直次』は精一杯演劇を愛し、大阪を愛して、作品を創り続けたのである。そしてそれは、戦後の日本が蘇っていく時代の文化運動として、関西での拠点でもあったのである。

（日本演劇者協会発行『戦後新劇――演出家の仕事②』より、関芸の記念誌編集部で抜粋）～『五十年のあゆみ』から転載～）

あとがき

たぐいまれな才能をもった演劇人である河東けいの本をつくりたいと、執筆依頼をいただいたとき、演劇に疎い私に書けるのか、戸惑いと不安のスタートでした。それでも河東さんに密着取材をしている中で、女優河東けいに魅せられ、次第にこの人のことを書いてみたいと気持ちに変化が起こりました。

もう10年以上前になりますが、『小山内薫　近代演劇を拓く』という本を著者の小山内富子さんから頂いたことを思い出し、再びこの労作を読み返しました。

小山内薫の次男で軍事評論家の故宏氏が、私の祖父の成城小学校時代の教え子であり、大学卒業後、東京のジャーナリスト大森実の週刊新聞『東京オブザーバー』に就職した私は、大森が『太平洋大学』という新聞社の事業として企画した、いわば「青年の船」の民間版にスタッフとしてかかわり、船でひと夏に2回太平洋を横断し、アメリカ西海岸へ向かいました。そこに講師として乗船した宏氏と遭遇したのでした。宏氏は軍事評論家というちょっといかめしい肩書に似合わぬ、謙虚で心優しい紳士。船内の講師の人気ナンバー1で「小山内ゼミ」の多くの若者から慕われていました。以来宏氏と親しくしていただいていたのですが、小山内薫については全くの無知、名前しか知らなかった浅学の故、残念ながら、演劇の話もお父上の薫氏のことなど話題にもならないまま、2年ほどの東京生活を終え、関西に戻ったのでした。宏氏は早逝され、その追悼集に富子夫人から請われて祖父も私も一文を寄せたことを記憶しています。その後、エッセイストとして何冊かの本を出された富子夫人から送っていただいたのが7年の歳月をかけ、舅小山内薫の足跡を記した貴重な一冊でした。新劇人河東けいを語るにあたり、近代演劇を拓いた小山内薫の偉業から学ぶことにしました。

本書のタイトル『そんな格好のええもんと違います』は河東けいさんのリクエストによるもの、この本への河東さんからの唯一の注文でした。

92歳を迎えた今も光り輝く女優と、その彼女を慕い支える人たちの輪はすばらしく、その輪の中心にいる彼女の正体を知りたいとの試みにどれだけ迫れたか自信はありません。関西演劇界の事情などを取材させていただいた演出家の堀江ひろゆき氏、岩崎正裕氏、関西芸術座の亀井賢二氏、門田裕氏の各氏はご多忙の中、時間を割いてくださり、たくさんのご教示をいただきました。

玉稿をお寄せいただいた木津川計氏、ふじたあさや氏はじめコラムで河東さんを語ってくださったみなさまに深く感謝申し上げます。

制作にあたって、私を支えてくれた「河東けいの本を出版する会」の皆さん、とりわけテープ起こしという地道な作業で手伝ってくださった吉谷真由美さんの助けが大きかったことを記しておきたいと思います。

助成をいただいた公益財団法人「神戸文化支援基金」、この本の発行に賛同してくださった賛同者の皆さま、根気よく原稿に目を通し、アドバイスをいただいたエッセイストの森美樹《よしき》氏、佐藤行雄氏にも心より感謝申し上げます。

最後に、河東さんのプロデューサーの中島淳氏、編集でご苦労をおかけしたクリエイツかもがわの田島英二社長のお二人、本当にありがとうございました。

10月22日宝塚公演を終えたあらしの夜に感謝を込めて

井上由紀子

助成

公益財団法人　神戸文化支援基金

賛助者一覧名簿（五十音順）

饗場千代子	秋山　太加	足達　有希	天野　光子	李　圭爕	一柳　正義
稲森勢津子	稲森　治夫	井上　心平	井上　廣子	井上　聞三	井上由紀子
祝　ヨシ子	上村くにこ	内山　郁子	大阪女優の会	岡田　潔	荻田　哲郎
荻田　則夫	㈱関西芸術座	菊川　ユリ	木津川　計	吉良　葉子	工藤　律子
Ｋａｙ朗読サークル		佐藤　行雄	澤田　嘉代	飾森千代子	重松　明子
島田　誠	全　美玉	鶴亀佐知子	鶴嶋　吉信	中島　淳	中島　民子
中島満佐子	中村美代子	野中久美子	瀑　一人	藤池　俊	藤田　佳代
藤原　周	古川知可子	古谷　妙子	堀江ひろゆき	松下　芳美	松村美知子
丸山　敦子	美木　陽子	森　啓子	森　美樹	諸留　幸弘	八上　桐子
吉谷真由美	米川　綾子	李　敬司	鷲崎　愷一	渡辺　羊子	

著者｜井上由紀子（いのうえ ゆきこ）

1945年三重県生まれ。京都女子大学文学部史学科卒。大森実国際問題研究所『東京オブザーバー』で大森実の秘書を務め、結婚後専業主婦を約10年の後『月刊神戸っ子』『オール関西』でアルバイト勤務。その後、コープこうべ発行『コープステーション』編集者、編集長を経て、フリー編集者に。2003年、夫の遺志を継ぎ、国立大阪病院（現国立病院機構大阪医療センター）内に認定NPO法人COMLとの協働で「患者情報室」を創設する。2003年脳梗塞を発症、以後、左の手足にマヒの後遺症。2012年発行の『大森実ものがたり』編纂委員。現在はNPO法人「想像文化研究組織」の機関紙を編集・発行委員。2015年より毎日新聞兵庫版のコラム「Fメール」筆者の一人。

編者｜『生涯女優 河東けい』を出版する会

〒650-0044
神戸市中央区東川崎町1丁目5-7　神戸情報文化ビル3F　文化村 気付
FAX.078-843-4396　メール：yrr03104@nifty.com

そんな格好のええもんと違います
生涯女優 河東けい

2017年11月30日　　初版発行

著　者　© 井上由紀子
編　者　『生涯女優 河東けい』を出版する会

発行者　田島 英二
発行所　株式会社 クリエイツかもがわ
〒601-8382　京都市南区吉祥院石原上川原町21
電話 075(661)5741　FAX 075(693)6605
ホームページ http://www.creates-k.co.jp
メール info@creates-k.co.jp
郵便振替　00990-7-150584

印刷所　モリモト印刷株式会社

ISBN978-4-86342-226-1 C0074　　printed in japan